在選擇與挑戰中成長，找到屬於你的道路，
探索職業生涯的各種可能！

畢業
然後呢？

胡波——著

---------------------------►

如何在職場中成長與成功？

把握機會，學會應對面試技巧
妥善規劃職涯發展並精準自我定位
面臨職場迷惘的你，該看一看的轉變建議！

【專為應屆畢業生和職場新人打造的實用指南】

目錄

第 10 章　除了錢以外，感謝一切

前言

畢業，然後呢？

畢業了，即將告別純真、充滿幻想的年代，你要揚起風帆開始新的旅途。勇敢但迷茫，不得不接受社會風雨的洗禮，每走一步都是對心和身的考驗。有人幸運，有人失落，有人無助地盤算、思考：「我該去往何方？」

「大學生就是社會一分子」的想法被現實打得支離破碎。看看身邊已由父母安頓好工作的同學，幸運進入好公司的同學，這樣的比較不知不覺中給原本淡定的畢業生增加了幾分恐慌。我們鼓起勇氣向前行走時，多希望獲得幫助，去推開那個心裡所知，卻不曾真正準備推開的職場大門。

伴隨著每一個畢業季的到來，數以萬計的大學畢業生將要流入職場的大潮流中。除了各高等學府的優秀大學生，考研究所、被內推、提前簽約優秀企業的大學生，剩下的大學生只能依靠自己拚殺。

上午，我對新員工講完職業生涯規劃後回到辦公室，在整理檔案時，一位新員工跑了進來，表達了在上午課程中，我幫他解決職業疑惑的感激之情。這是一位畢業後來到大城市 1 年

多，換了好幾份工作，卻始終沒有找到自己定位的員工。我以為他是恭維，這樣的事情又不是第一次。晚上約了幾個以前的同事一起聚會，大多是和我一起工作3、4年的原下屬，在閒談中聊到了職業發展的問題，在激烈的討論後，他們也感謝了我過去給他們的幫助。

深夜習慣性臨睡前的思考，回想畢業當年作為普通學生的我，在畢業時的無助和疑惑，回想自畢業四年後開始做畢業生和新員工的職業規劃培訓，一次次互動式的溝通探討，幫助他們找到方向，我被冠上「現實主義激勵」的稱號，沒有浮華地煽動，沒有高高在上的目標口號，沒有華麗的詞藻渲染，或許透澈、直接、樸實是他們感覺有幫助的原因。在曾經獲得收穫的同事鼓勵下，我決定將多年來的職業體會寫出來，獻給即將踏入職場和踏入職場不久的人士，準確而言就是臨近畢業和畢業後工作5年內的朋友們，但願這樣的分享對這些人能有所幫助。

對於那些不愁工作、不愁發展的鳳毛麟角優秀者，不是本書關注的重點。但關於職場競爭、職場定位的章節可以讓人借鑑。我總相信：普通人才是最需要相互幫助的人群。本書每章節力求簡潔樸實，還原職場平實的一面，在案例選擇和故事分析上也力求來源於經歷中的原型。在章節設定中，主要考慮了畢業生求職規劃中所遇所想的變化過程，內容中突出不同角度的思維解決。例如，第2章探討偽信心、迷茫、態度，是從不

同方向上挖掘自身獨特自信心的源頭；關於自我定位與規劃也被放在不同章節中透過不同角度詮釋；從第 6 章開始，主要講的是職場中的問題思考，如何生存、如何應對困難等。

世間本無完美，所以世人追尋。初入職場不是只有進入大公司才算有發展，不是只有高薪才算是好職業，大部分曾因就業而迷茫的大學生和中小企業一樣，都是國民經濟發展的主力。職業應該算是最好的價值投資方式，它所帶來的收益應該遠遠超過 GDP 和物價，否則就是投資或經營的失敗。我們所熟知的「商界元老」、「各產業教父」級成功人士，就是正確的職業投資回報。他們的天賦、專長、個性並不是每個人所能擁有的，所處的時代和機遇也不可能重現，但無論是平凡者還是超凡者都遵循著一定基本的原則：定位、心態和關係。受篇幅、經歷所限，關於二者，也很難完整地展現在讀者面前，但不失為開啟職業思考的一把鑰匙。

在本書的編寫過程中，我總感受到希望和重重壓力，希望成為一本對大家有幫助的書，壓力也就源於這希望的寄託。所以很多地方反覆在層次上、結構上推敲，幸運的是，我獲得了很多人的支持和幫助。感謝那位鼓勵我寫作的同事小梁，他也是書中案例、故事的原型之一。由於本人才疏學淺，書中有疏漏或錯誤之處敬請諒解。

胡波

第 *1* 章
校園很美好，畢業很苦惱

大學 4 年，就這樣結束了

　　校園的生活總是單純美麗，大學校園更是如此。美好的 4 年時光，在我們還沒有做好充分準備的時候便轉瞬即逝。大學 4 年就這樣結束了？我們在這 4 年中究竟學到了什麼？在畢業晚宴後才感到悵然若失，不知自己該去往何方。

　　是什麼造成了現在大學生在畢業後的迷茫，我們先從大學生活中找找答案。正值花季、雨季的青少年們，告別了單調的高中學習，在大學校園裡開始了全新的精彩生活。

　　有些學生進入大學後，一心想成為學校核心人物，於是便積極主動加入學生會和各種社團組織，整天忙於各種活動，認為自己是學校的「風雲人物」，卻無暇顧及學業，直到畢業找工作時，才發現自己的專業知識有多匱乏，那些在學校裡參加社團的經驗，只有錦上添花的作用，但想要找一份理想的工作，還要靠扎扎實實的專業知識，要有真才實學才行。

　　還有些人則瘋狂地考取各類證照，如會計師證照、電腦證照和語言證照等，花了很多錢和精力，可他們根本不知道哪一張證照會給未來的發展帶來幫助。在求職碰壁時才開始思考這個問題：證照等於能力嗎？

　　大學時代的美好生活一定缺少不了一場轟轟烈烈的戀愛，

在校園裡，甜蜜的情侶隨處可見，他們花前月下、相互依偎，許下一生不變的諾言。甜蜜之餘，蹺課、節日高消費等現象隨之出現，這些人因為沉迷在愛情的美好中，忽略了這些都需要建立在現實的基礎上，所以在面臨畢業時，許多愛情沒能經得起考驗，曾經的美好也只能是回憶罷了。讓人不禁懷疑，大學時代的愛情是一時的衝動，還是心中真切對愛的嚮往？

網路遊戲對很多大學生來說，是不可缺少的娛樂方式。暢遊於各種網路遊戲的虛擬場景中，亦真亦假、精妙絕倫，許多人的精神世界在這裡得到了滿足，他們整日苦惱的是如何提高「作戰」技術，如何購買更好的裝備，如何修煉更高的等級。虛擬世界能給他們的將來帶來什麼呢？日夜顛倒的生活，課堂上大腦的空白，一張張用生活費換來的遊戲點數卡。所有煩惱在畢業時都找上門來，此時，他們才反應過來，4 年的光陰就這樣荒廢了。

大學時的考試比較容易通過。考試前老師的「重點」複習課一定是人最多、最齊的一次，平時的「蹺課高手」也都悉數到場。之後，大多同學挑燈夜戰，臨時抱佛腳，大多能順利過關。所以，很多人會覺得大學就是一個盡情享受青春的階段，卻把未來拋在了腦後。

面臨就業了，許多大學生卻陷入了迷茫，回望大學時光，不禁感嘆大學時間過得太快了，自己什麼都還沒有學到。

　　張大鵬就是千千萬萬迷茫大學生中的一個，畢業於一所知名大學，讀的是通訊工程科系。上大學前選系的時候，他並不知道自己真正的興趣和方向是什麼，所以選擇了這個熱門科系。

　　學校開設的課程相當廣泛，他雖然各科成績都及格，但是並沒有哪一科學得特別精通。所以，畢業找工作時，他發現自己對通訊行業的每個方向都略懂一二，可是自己擅長哪方面、對哪方面感興趣他完全不知道。

　　張大鵬說，現在的迷茫都是他主觀因素造成的，大學時沒有認真思考自己對什麼感興趣，也沒有扎實地學好理論知識，科系課程的設定只是為學生提供一個平臺，「師父領進門，修行在個人」，靠的是根據自己的興趣、職業規劃和發展方向去刻苦鑽研，將來就業時也不會如此迷茫了。他還很認真地說：「大學生們千萬別輕輕鬆鬆『玩』4 年，這樣會浪費了自己的青春。如果當初我能找到自己比較感興趣的方向，並且努力深鑽的話，我現在的工作情況則是另一番景象了。」

　　大學生就業難的根本原因是，企業需要大量具有一定理論知識、具有某項技術專長、熟悉某項技能和操作的實務型人才，但是大學裡培養出來的人才卻不能馬上上手。

　　一個剛畢業的大學生懷著對未來的美好憧憬走出校門時，才發現就業形勢嚴峻，在學校學到的知識過於膚淺，根本不能

在短時間內接手工作。於是，他覺得，4 年大學白讀了，什麼有用的東西都沒學到，開始迷茫、抱怨，心生悔意。

　　大學生在學校應該著重培養自己學習、創新、溝通和團隊合作等方面的能力，校方要把職業生涯規劃和就業指導融入到大學教學的全部過程，讓學生在學校就想清楚自己的就業方向，這樣更有利於學生們在走出校園後順利走入職場。

　　某人力銀行副主任說：「高等教學需要改革，大學生自身也需努力。」大學生一方面要認真學習書本知識，牢固理論基礎，另一方面還要多參加實習與就業市場接軌，努力學習最先進的專業知識，把所學知識與社會需求緊密結合起來。與此同時，還要注重培養自己在某方面的興趣，並且在某一領域深入鑽研，形成自己的特長。

　　大學裡學到的只是一些基礎的理論知識，想要讓自己的事業有所發展，還需要找到一個合適的工作職位進行鍛鍊。

　　王珅畢業於人力資源管理科系，現在在一家水電建設工程公司工作，負責一個專案的行政事務。「白天得跑工地，晚上住在臨時搭建的工地房子裡，工作很累。雖然說大學裡學的知識跟現在從事的工作不是很符合，但現在接觸的人和事多，很適合鍛鍊，我在工作中學到了很多學校裡學不到的東西。我對這份工作很滿意，相信 5 年、6 年內我可以成為一個專案的負責人。」他說。

大學畢業之後，你才意識到每個人在職場的發展程度和自己在大學的表現密切相關，於是抱怨大學短暫，抱怨自己沒有把握好 4 年的時光而悵然若失，這已於事無補。大學生活雖然結束了，但是新的生活從此時開始了，離開校園的我們應該做的是想好以後的道路該怎麼走，現在開始規劃新的生活並為之努力，還為時不晚。

難題不是畢業，而是選擇

每年的 6 月、7 月分都是一個傷感的季節，因為這是一年一度的畢業季。當熟悉的畢業歌旋律響起，畢業生們都難以控制離別的悲傷，眼角飽含淚水。一晃，4 年的時間就過去了，我們畢業了，雖然捨不得和同學分離，捨不得離開充滿著美好回憶的校園，但是分別的感傷、離別的惆悵已留不住時間的腳步。

每個畢業生的內心不僅充滿了分別的傷感，還帶著即將走向現實社會，不知未來該如何選擇的迷茫和無助。大學生邁出校園的第一道難題就是如何選擇自己的未來。大學畢業之後的選擇有很多，公務員、考研究所、留學、創業、就業……站在畢業的十字路口，你該如何抉擇？你做好準備了嗎？

大學畢業後，每個人都會面臨著一個和以往完全不同的選

擇。在之前的人生道路中，從根本上來說你的選擇只有一個，那就是到底考哪所「學校」。

大學畢業則不同，有些人選擇繼續深造 —— 考研究所、留學 —— 來為自己爭取更好的就業機會，但他們必須承擔兩三年後可能就業壓力更大的風險。

有些人選擇考公務員、進國營事業，為自己謀劃一個安穩的未來。考公務員被眾多學生及其家長看作是找「鐵飯碗」的最佳途徑，所以近幾年競爭越來越激烈。國營事業的工作雖然輕鬆、穩定，但也是人滿為患，想要來這些單位工作的人同樣需要經過層層選拔，好不容易被錄用了，在開始的幾年裡做的工作大多是「跑腿」，成長速度相對較慢。

大多數畢業生還是選擇去企業工作，不論是外商還是私人企業，都可能有很好的發展機會，能夠更快地提升自己的能力，讓自己有更廣闊的發展空間。但是，選擇企業工作的風險也是不容小覷的，經濟危機一來可能就會倒下一大片，福利待遇也不一定能保證，穩定性相對較差。尤其是外商，它提供你更大的鍛鍊舞臺，薪資待遇也比較好，但是外商除了存在上述的風險之外，還有著巨大的工作壓力，競爭也非常激烈。

一些有想法的人，在畢業後選擇創業。創業的優點是可以根據自己的興趣選擇從事的行業，可以鍛鍊人的綜合能力，培

養人系統性的思維能力，大規模地刺激人的潛力。除此之外，如果創業成功了，那種成就感是無可取代的。創業需要的資金也不是小數目，創業者是否擁有長遠目光和周密規劃等，這些因素都可能導致創業成敗。大學畢業生想成功創業，不僅要有遠大的理想，還要有熱情、領導能力、行動力、商業信用和超強的適應能力。

這麼多的選擇中並沒有優劣之分，只是不同想法的人選擇的路不同而已。對於剛走出校園，還不了解社會的畢業生來說，這麼多的選擇更容易讓他們迷失方向。

選對了行業和發展方向的畢業生，在職業生涯中會發展得很快。而另有一些人卻在初入職場時選錯了方向，給他們的職業生涯帶來很大的阻礙，導致其潛力無法充分發揮，被動地工作著。這些人頻繁地換工作，但是幾年過去了，他們還是在原地踏步，不清楚到底為什麼別人能生活得很好，而自己的薪水卻只能夠維持生計，這些很可能是盲目選擇職業造成的。

這種選擇錯誤的原因基本上有三個：

一是對自己的了解不夠。不了解自己的興趣和能力，不知道自己內心真正想要做的是什麼，喜歡做什麼。盲目地選擇了一份工作，結果發現自己並不喜歡，想跳槽又沒有方向。有些人覺得自己好像什麼都能做，但是真正去做時，卻發現自己的

能力相差甚遠。有一位學行銷的學生在面試時被問道：「說一下行銷對企業發展意味著什麼？」他卻回答不出來。其實，這個問題沒有標準答案，可能對實際工作並沒有太大的影響，但這足以說明他掌握的專業知識不夠扎實，對專業知識和實際工作的關係不夠了解。如果這是他根據的自己興趣和發展方向選擇的行業，相信這個問題很好作答。

二是對具體職業不夠了解。對將要從事的工作具體是做什麼，工作的發展前景如何，工作中需要什麼知識和能力都不了解，這也是現代教育一個弊端的展現，反映出了教育與實踐的脫節，以及大學生本身對社會實踐不夠重視，沒有積極參與。

三是經濟壓力所迫。許多人認為自己大學畢業後應該獨立了，在經濟上不再需要家人的支持，到了該回報父母的時候了，所以只要能找到一份薪資待遇還可以的工作就滿意了。即使自己對工作狀態並不滿意，他也會想：「先待著，賺點錢，以後有合適的機會再轉行。」從理論上來說，這樣做也沒錯，可事情未必會按照你的意願發展。如果那個合適的機會遲遲沒有到來，才不得不去調整，你需要付出更多的代價和機會成本，會失去得更多。所以，大學生在求職前一定要問一下自己，到底對什麼樣的工作最感興趣？想要什麼樣的生活？只有找到了自己喜歡的、適合的職業，你才會在工作中盡情發揮、突破自己，充分展示你的才華、提升你的能力，並在工作中不斷完善

自己，每天的工作都能夠讓你感到快樂和滿足。出色的工作表現會讓你獲得更多的發展機會。

4 年前，我們帶著自己的夢想和家人的期盼走進大學校園，畢業了，我們又將帶著無數的祝福踏上新的旅途。離開校園，走向社會，我們就要學會適應社會，學會改變自己，學會看清形勢，隨機應變，學會做個有責任心、有進取心的人。離開校園，我們就要記住，在未來的職場中，能力比知識重要，方向比努力重要，健康比成績重要，情商比智商重要！

出國留學是為了逃避現實嗎？

畢業後，很多人選擇了出國留學。看似風光無限的留學之路其實布滿了荊棘。出國留學並非是一個輕鬆的選擇，反而是一個巨大的挑戰，高昂的出國費用、與親人朋友的分別、獨處異鄉的孤獨、陌生世界的未知，準備出國的同學們，你們做好準備了嗎？

選擇出國留學的原因有很多種，有人想繼續深造，有人想鍛鍊自我，有人想看看外面的世界……但僅為了逃避國內的就業壓力或者能找到一份好工作，留學絕對不是最佳的選擇。有些畢業生認為留學就像是一根救命稻草，出國鍍金能讓自己在

激烈的就業競爭中勝出，找到一份好工作。

　　女孩盼盼剛上大一的時候，在一次暑假與父母交談時說出了畢業之後想出國留學的想法，父母當時也欣然同意。但到了大三，她告訴父母自己已經開始著手準備留學的事宜時，卻遭到了父母的強烈反對。父母給她的理由很簡單：家庭條件不好，拿不出這筆錢來。父母承認他們當初表示支持只是想鼓勵盼盼，覺得孩子有自己的理想是好事。雖然當時也曾經說過賣房子也要供盼盼出國之類的話，但他們從心裡壓根就沒想過要這麼做。因為這件事，盼盼和爸媽大吵了起來，還揚言畢業要留在外縣市，從此不再回家——「我要跟他們冷戰到底。」

　　諮商心理師曾問過盼盼為什麼非要出國留學，盼盼說自己的成績中等偏下，畢業後想找份好工作很難，她又不甘心在國內隨便找份工作混下去，看到很多同學都準備出國留學，又很羨慕國外寬鬆的環境和教學方式，就堅信自己最好的選擇就是出國。當然她也承認，並不知道自己出國之後可以學到什麼，也並不了解留學的具體情況。

　　一般來說，選擇留學的學生有三類：第一類是想要出去深造，學習國外先進的知識；第二類是想出國鍍金拿文憑，回國找份稱心如意的工作；還有一類就是逃避現實，因為感覺國內就業壓力太大，就想出國留學逃避壓力。盼盼就是最後一種類型的典型代表。但是，盼盼並沒有想過出國之後未必能夠海闊

天空。根據我從這幾年做留學仲介的朋友得到的資訊來看，如果只是為了逃避就業壓力，留學回來同樣需要面臨新的壓力，並且在你留學的這幾年，可能社會就業壓力會比以前還大。有些人在國外能夠一路名校、知名企業地走下來，一方面是因為他們在留學前就已經了解自己要的是什麼，並在留學期間下了苦功；另一方面，他們在國內累積了一定的基礎以及良好的學習和生活習慣。在國內學習成績普通的人，到了國外能上名校的案例很少見。

　　如果父母支持盼盼出國的話，情況又會怎麼樣呢？假如她能夠發奮圖強，經過努力可能會進入名校，然後為自己創造美好的未來。但是如果她只想找所普通的學校混個國外文憑，學習依然不努力，等到畢業歸來，也同樣會找不到稱心如意的工作。相反，可能加重時下畢業生普遍存在的眼高手低的求職心理。盼盼選擇出國本身沒有錯，但她的出發點還不夠成熟。單就盼盼對於留學不切實際的想法，以及與父母溝通時候的不理智行為來看，盼盼還沒有真正做好留學的準備。

　　沒有做好充分準備而盲目地選擇出國留學，這正是很多留學生在海外生活不如意的根本原因。有些習慣了被父母照顧的留學生甚至生活難以自理、學業難以負荷、人際關係處理能力有限，這些都會給留學生造成很大的壓力。

　　能順利進入國外大學不是一件容易的事，不僅要扎實掌

握專業知識，獲取一個能夠被認可的成績平均積點（即 GPA，Grade Point Average），還要花費很多的時間在留學門檻考試上，如托福、GMAT 和被大家公認為世界上最難的英語考試 —— 理工科學生申請外國名校所必須參加的 GRE 考試等。可是，當取得這張入場券後，如何寫讀書計畫、如何找到合適的推薦人寫推薦信、申請什麼樣的學校等一系列問題也會接踵而來。所有的成功都不可能輕而易舉，也不可能是一朝一夕獲取的。

如果你有足夠的信心和堅強的毅力，那麼你完全可以選擇畢業後出國留學，去闖一闖，感受一下國外的教育方式。但是如果你沒有準備充分，留學也是浪費時間、金錢和精力。出國不等於從此就有了美好的未來，在國內也不是不能獲得成功，不管選擇哪條路，作為一個剛剛走入社會的畢業生，你都需要努力。珍惜你現在擁有的一切吧，說不定能有意外的收穫。

繼續考研究所，還是直接就業？

很多畢業生選擇考研究所這條道路主要有兩個原因：一是本科系的就業形勢嚴峻，他們希望透過考研究所來暫緩就業壓力，擴大就業的管道；二是考研究所也是提高學歷和自身能力的一種方式，能夠拓展以後的發展空間。

　　那麼到底是直接就業好呢，還是考研究所好呢？這個問題，困擾著很多即將畢業的大學生。

　　這是個見仁見智的問題。不管你準備如何選擇，都要從自身情況出發，理性地做出選擇，不要盲目跟風。考研究所之前一定要想清楚自己為什麼考研究所？是因為找不到工作想要暫時逃避，還是想深入研究自己喜歡的專業或者其他原因。如果你想透過研究所逃避就業壓力，那我還是勸你不要太樂觀，因為研究所畢業也同樣面臨很大的就業壓力，而對於企業而言，工作經驗遠比一個碩士學歷更有價值。

　　另外，隨著社會的發展，許多企業衡量人才的標準，也從最初盲目地只看學歷逐漸轉變為衡量能力的高低，雖然這種轉變的速度並不是很快，但是我們還是能明顯地感受到現在社會越來越重視工作經驗了。社會對人才的衡量，一定是綜合評價，尤其重視工作能力。很多優秀的人才因為沒有工作經驗，而難以獲得一份理想的工作，只好去做一份志工工作來換取工作經驗。有了工作經驗，想找份理想的工作就容易多了。

　　從長遠來說，學歷對一個人的發展還是起著很重要的作用，我建議那些想繼續深造的同學，可以考慮工作 2 至 5 年後再回到學校讀書，那時候在選擇專業、學校方面會更有針對性。畢業生們在可能的條件下，盡量爭取更高的學歷，可以選擇不影響工作的在職專班，既提升了自己的學識又增加了工作經驗。

　　另外，有些科系比較適合考研究所，有些科系並不適合考研究所。如醫學、法律等專業性比較強的，透過考研究所能夠使你具有更高的專業水準，並且這些行業本身門檻較高，所以，考研究所可能就是比較好的選擇。但有些科系，如行銷、廣告等，這些實踐性比較強，並且行業門檻比較低的，職場經驗要比學歷更重要，如果有需要才考慮再繼續深造。

　　想要考研究所的同學需要注意：大學不是技能培訓機構，所以不要希望研究生課程能給你增加什麼技能。我雖然不贊成不論什麼原因，學什麼科系的人都要去考研究所，但也不贊成那些認為研究生學習，並不能提高什麼具體技能，所以就不應該去考的觀點。研究生教育同大學教育一樣，並不是技能培訓，大學本來就不是教授某些具體技能的地方，也不是培訓機構。所以，我們不應該對大學，特別是研究生階段有這種錯誤的要求和期盼。當然，應用型專業碩士除外。

　　知己知彼，百戰不殆。所以，是否選擇考研究所一定要根據自己的專業、自身的情況以及行業狀況來判斷，還是那句話，適合自己的才是最好的選擇。

別讓「賦閒生活」毀了你！

大學畢業 3 年了，張亮還是一個待在家裡的「啃老族」，一直都不願意出去找工作，他的母親劉女士為了他工作的事苦惱不已。

劉女士說，她家在一個小鎮上，家裡生活並不富裕。兒子今年都 25 歲了，曾在一所大學唸法律。從畢業到現在，張亮除了參加過司法考試和公務員考試之外，就沒出去找過工作。「他說出去也找不到什麼好工作。」劉女士也搞不懂張亮的想法。

張亮的媽媽回憶說：「從 6 歲上學開始，他的成績就一直非常好。」她也曾經很以兒子為傲。張亮小時候，父母都是監督著他讀書，從上了大學後，他們覺得孩子長大了，就沒有再過問孩子的學習狀況。畢業時，家人也沒有催促張亮趕緊找工作，還同意了他要回家發展的想法，但沒想到，張亮回家後，總是在家待著，不願意出去找工作。

劉女士還說：「他幾次司法考試、公務員考試都失敗了，每回考試都是差幾分，或者面試時沒通過，他很受打擊，現在和同學也很少連繫了，好像陌生了。讓他在家做家務他都願意，但是他就是不肯自己出去找份工作。」劉女士覺得張亮如果繼續這樣下去，就等於白讀書了，所以她很著急，希望找個心理專家開導孩子。

其實，像張亮這樣一畢業就「賦閒」在家的大學生並不是個別案例。有一部分人因為有社交恐懼症，他們不敢走向社會，對自己沒信心，幾次找工作受挫之後，就沒有勇氣再次踏上求職之路，所以也只能賦閒在家；還有一部分人，家境比較好，找工作的時候往往眼高手低，不是嫌工作環境不好，就是嫌待遇太差、薪水低了，他們會認為還不夠一個月零用錢呢，工作環境差一些他們也會覺得自己受了很大的委屈。

作為一個初出茅廬的畢業生，走入職場，都會遭遇求職面試屢屢碰壁、待遇不理想、工作環境不好等情況，這很正常。因為你是一個新人，你既沒有經驗也沒有人脈，工作能力還有所欠缺，你憑什麼去要求高薪工作呢？

在當今就業形勢下，剛畢業的大學生工作都不好找，即使找到了，也不可能在各方面都讓人滿意。一般來說，年輕人包括事業在內的各個方面在 28 歲之前都不是很穩定，夢想和現實會有一定的差距。如果待在家裡，不去接觸社會，時間長了會形成依賴性的人格障礙，將來會更難融入社會，遇到一點挫折，就會對自己失去信心，感覺不管做什麼都能力不足，產生逃避心理。對這樣的年輕人來說，先找一份工作是最重要的，不管什麼類型的工作都有助於他的成長。先就業，然後再找喜歡的、合適的工作。

面對就業壓力大的情況，大學生需要付出更多的努力，

逃避永遠解決不了問題。「賦閒」在家只會成為你求職的一個障礙。

首先，賦閒在家會讓用人單位對你的能力產生質疑。大學生畢業後，該承擔起自己應負的責任，具備在社會上生存的能力，如果你賦閒在家，沒辦法維持生存，企業必定會質疑你的責任感和生存能力。

其次，從大四的 10 月分到第 2 年畢業前都是找工作的黃金時期。這個期間，所有的應屆畢業生都在找工作，用人單位也會在這期間計劃從應屆生中挑選可造之材。如果這個時段你選擇「賦閒」在家，不出去找工作，錯過了黃金時期，找工作會更加困難。

畢業後賦閒在家，做「啃老族」的人一般都有一個共同點：那就是不了解自己，也不了解職場，不了解社會。因為不了解才遲遲做不了選擇。所以，賦閒在家的人首先要做的就是了解自己，清楚自己到底擅長什麼，在 4 年的大學生涯中學到了什麼，你的哪項技能才是你謀生的工具。另外，了解你將要從事的行業，如果不了解的話，可以找業內人士諮詢，了解一下他們的工作狀態和工作流程，並以此來判斷自己到底適不適合這份工作。選擇一個有發展前途並適合自己的行業，先入了這個行業的門，累積經驗，然後再談如何發展。

　　很少有人一畢業就找到理想的工作，只有持續地努力才能找對自己的職場方向。在大學校園內，你是天之驕子，是無憂無慮的大學生，但是走出校門，就是另一片天地，我們需要一個適應的過程，但這個適應過程絕對不是「賦閒」在家。

　　先融入社會和工作環境，再擇業是一條更適合自己的就業道路。一旦畢業就不要給自己留空檔期，不要以「還不適應社會」之類的藉口賦閒在家。讓自己適應社會最好的方法就是走出去，積極求職。只要肯花時間，肯努力，工作總會找到的，你也一定能夠融入社會。所以，請別再為你的逃避行為找藉口，別讓「賦閒在家」毀了你。

「閃辭族」，別把青春「閃」沒了！

　　有些人是畢業「賦閒」在家不積極找工作，有些人找工作倒是很積極，但是辭職率特別高。去年剛剛畢業的馬琳就是這麼一位「閃辭族」。

　　馬琳的科系是商業管理，去年剛畢業的時候，她對找什麼樣的工作倒是沒要求，覺得先找一份工作能夠讓自己生存就行，所以很快就找了一份就業門檻相對較低的業務工作。起初，馬琳幹勁十足，她覺得雖然銷售很苦很累，但是有著很大

的發展空間，並且這是一份富有挑戰性的工作，她一向認為挑戰越大收穫就會越多。

可是幹了幾個月之後，馬琳發現自己的業績沒有絲毫進展，看著身邊的同事業績飆升，薪資翻倍，她有些坐不住了。馬琳這時候開始懷疑自己可能不適合這份工作，不然為什麼業績沒有一點起色呢？熟悉業務工作的人應該都了解，沒業績也就沒抽成，馬琳靠那點基本薪資生活，日子過得很拮据。這時候，周圍很多做業務的同學經過了磨合期，略微漲了些薪資，工作也越來越熟練，做得越來越起勁。馬琳覺得自己一開始的選擇是錯誤的，如果自己不做業務的話，現在應該發展得也很不錯了。

於是，她辭職來到一家企業做行政，馬琳進去之後才知道，由於公司不景氣，公司裡的許多人都辭職了，所以馬琳才被招了進去。本想找份有前途的工作，沒想到卻越換越糟糕。馬琳心裡特別著急，做了一個月就又辭職了。

接二連三的辭職經歷，讓用人單位質疑她這麼頻繁跳槽是不是缺乏責任心，而且她從事過的工作和科系都不太符合，所以懷疑她對自己未來的職業發展沒有規劃，只是為了找工作而找工作。因此，馬琳的工作變得更加難找，後來她發現是「閃辭」給自己帶來了這麼多的麻煩。

很多畢業生像馬琳一樣，由於一開始對自己和將要從事的行業不太了解，就匆忙地找了一份工作。幹了一段之後發現這份工作並不適合自己，於是換來換去，成了「閃辭族」。還有一些人對自己定位過高，對用人單位的期望過高，工作一段時間後，發現自己對公司的各方面都不滿意就選擇了離職。離職之後，發現下一家企業還不如上一家就繼續換，就這樣也加入了「閃辭族」。這些人畢業一年或者更長時間了，工作還沒穩定，就更別提累積工作經驗了。一來二去折騰幾次，就把自己的青春給「閃」沒了。更糟糕的是，自己的求職心態也越來越差，今天嫌這家公司的待遇不好，明天又嫌那家公司的管理不到位。等到身邊人都已經事業小成的時候，這些人仍在苦苦地找工作，那時候，他們就只能獨自嘆息了。

對於「閃辭族」，我給出幾條建議：

首先，要了解想進入的行業，加入這個行業之前要慎重選擇。「先就業，後擇業」的含義並非是第一份工作可以隨意找。相反，第一份工作非常重要，它在相當程度上決定了你今後的發展方向，所以應該提前做好準備，了解自己的愛好和特長是什麼，確定一個自己喜歡的行業，確定了方向之後，找到的工作會更加適合自己，也就不那麼容易想辭職了。

其次，假如你當初並不了解自己想要從事哪個行業，已經誤打誤撞進入了一個行業，那就不妨做久一點。因為，進入行

業時間太短，你並不能了解這個行業的真實情況，經過一段時間的工作，你才能確定自己是否真的不適合這個行業、不喜歡這個行業，然後再做出是否辭職的決定。

最後，如果你決定要辭職、改行，再擇業的時候要更加慎重，提前做好功課，要吸取盲目就業的教訓，增加求職時的勝算，找到適合自己的職場方向。另外，最好不要盲目「裸辭」，你辭職前至少應該對希望從事的行業或者企業有全面的了解，也給自己一個緩衝的時間。千萬別辭了上家沒有方向地去尋找下家，這樣不僅會出現空窗期，而且會在找下一份工作的時候比較急躁、急於求成，喪失了良好的心態。

對工作期望過高的畢業生，應該及時調整心態去適應職場。如果你非要抱著不找到喜歡的工作不罷休的態度，不斷地「閃辭」，也許你的青春就這樣「閃」沒了。

總體來說，作為應屆畢業生應該放低自己的姿態，好好地了解自己的興趣所在、專業基礎以及將要從事的行業狀況等。求職是一件不能盲目進行的事，因此在畢業前，做好所有的準備工作，然後在自己已經確定的方向上找到一個平衡點。一旦求職成功就不要老想著跳槽，俗話說：「三百六十行，行行出狀元。」每一行都能做出成績，很多行業看上很風光，當你真正從事時它卻並不一定適合你。

　　放平心態，不要盲目和其他人比較也是很重要的一點。各個行業情況不同，或許你看得到人家人前的風光，但你沒看到人家背後的努力。認清自己，知道自己想要什麼，跟自己縱向比較才是一個應屆畢業生應該做的。

　　另外，有些畢業生家長心疼孩子求職碰壁、工作吃苦，所以總會對孩子說：「沒關係，這份工作做得不順心就換一個。」這也給剛走出校園，對社會還不夠了解的畢業生形成了不好的觀念。這些困難都是剛進職場的新人所必須經歷的，家長應該做的是鼓勵孩子去努力提高自己的程度，勇敢面對。這樣，他的未來才會更美好。

第 *2* 章
如何走過青春的迷茫？

偽信心是職業發展的大敵

　　建立信心不是一件容易的事，許多人容易迷失方向。所以，我們在內心世界還不夠強大的時候，只能在不同的人生階段，適應不斷變化的世界，努力達到我們內心的平衡，慢慢建立起信心。李嘉誠說過，他獲得的第一桶金不是錢，而是自信。在工作中建立和獲取信心遠比工作本身更加重要。

　　那麼信心到底是什麼？在人生的不同階段，信心會呈現出不同的形態。在生活和工作中，如果你常感到自己像濫竽充數一般，渾然不知音符含義的時候，你就缺少真正意義上的信心。信心並非簡單的自我催眠，而是個人認知系統中的一縷陽光，它是內心世界的折射，是前行中指明方向的燈塔。

　　自信是在不斷累積生活經驗的基礎上建立起來的，需要訓練讀懂自己、抗挫折、多向思維、交際等能力，只有這樣，才會在遇到困難的時候臨危不亂，用自己的智慧和能力去判斷、去解決問題。

　　很多人在順境中會很自信，覺得自己很有能力，但遇到挫折時就反覆地質疑自己，這不叫自信，這叫偽自信。雖然只是一字之差，但是其內涵卻相差甚遠。自信是對自身的肯定，不管身處何時何地，外在環境如何變化，別人如何評價自己，自信的人都能淡定、從容地處理眼前的各種狀況。如果只在順境

中才能肯定自我，發現自己的優點，這就是偽自信。

　　自信不是自大，更不是自不量力的盲目自信。一些人對自己的未來過度樂觀，在不知道所需要付出的難易大小、程度深淺的情況下，做出嚴重超過自己能力範圍的選擇。有些初入職場的求職者迫切地想坐上管理者位置，因為他們感覺自己在校期間，飽受嘉獎和讚譽，雖不算是校內明星，也算個優秀活躍分子，所以他們將求職起點定得過高。可是踏入職場大門後，一次次的打擊，讓自己蒙上了陰影，特別是在自認為那些遠不如自己的同學都找到了一份好工作的時候，巨大的心理落差將那份滿滿的自信猛擊得粉碎，於是開始質疑自己的能力究竟行不行？

　　羅磊一直堅信自己在大學畢業以後，能找到一份好工作。因為他上的是名校，學科成績又好，而且在學校獲得了很多證書，這些都是自己的競爭優勢。找工作時，羅磊廣投了無數履歷，很快得到了面試通知，這更提高了他的自信心，每天儘是必勝的口號。

　　讓羅磊沒有想到的是恰逢經濟低谷時期，他面試屢屢碰壁。起初他還用「就業市場不好」來安慰自己，但看著身邊的同學陸續找到了工作，羅磊有些著急了，甚至開始懷疑自己的能力，抱怨自己運氣不佳。羅磊雖然對自己的實力很有信心，卻沒有認真思考過，要想獲得好工作自己需要做哪些準備？面試時需要怎麼展現？這份工作涉及的相關專業知識等。羅磊就

像戰場上只會向前衝，卻不知道如何開槍的士兵，結果可想而知。輸掉一場戰役並不可怕，可怕的是不知道為何輸，下次如何贏。「口號信心」、「中空自信」都是偽信心的表現，真正的自信除了擁有必勝的信念，更需要切合實際的做事方法。不是盲從、盲目樂觀，更不是自我催眠式的鼓勵。

在求職的時候，首先要確定自己現階段的方向和目標。那些目標明確、信心堅定的求職者能在經濟低谷時期堅持下來，最終找到稱心如意的工作。其次，在目標明確以後，我們需要為實現目標準備，學習和掌握相關知識，並堅信自己能夠完成。只有做好了準備，我們在找工作遇到挫折時才不會輕易放棄。

應屆畢業生在初入職場時需要的是真正的自信。他們缺少社會閱歷，在面對挫折的時候難免會灰心喪氣。自信會讓他們在面對職場中的困境時，保持良好的心態、清醒的頭腦，只有這樣才能讓自己到達勝利的彼岸。求職不但需要自信，同時需要做好應對失敗的心理準備。如果你求職失敗了，不要全盤否定自己，要相信這只是你走向成功求職必經的一個過程，失敗使你累積更多的經驗，創造更多的機會，在下一次求職時，它們就會發揮作用。如果你認為自己失敗了，而且放棄在失敗中自我了解，這樣你就會真正被擊垮。

避免在求職過程中被擊垮的好方法，就是拒絕盲目樂觀，做好全面預測，把求職過程中的各個階段都考慮周全，做好準

備，保持最強大的自信。這將會讓你在面對困難的時候有應對能力，不會輕易放棄，相信只要努力，終有一天會獲得成功。

許多剛走出校門的大學生，對未來想做什麼，如何做，想做到什麼程度，都沒有一個明確的方向。此時，你可以選擇一個榜樣或偶像供自己參照，指引方向，讓未來變得更加明朗。

向自己崇拜的榜樣學習，分析榜樣是如何成功的，有助於提高自己成功的機率。你的偶像之所以能成功，是因為他們自身具備的能力與特質，如勤奮努力、勇敢堅忍、眼光長遠等特質在發揮作用。在學習他們這些優秀特質的時候，在無形中也就提高了自己的整體素養。

所以，大學生在求職創業之初，可以把榜樣的成就作為自己行動的目標。雖然目標可能會有些大，但至少我們有了不斷努力的方向。樹立目標的同時，我們已經確定了自己要做什麼，然後著手從一點一滴的小事做起。你就會發現，經過努力，別人做到的事情，你也可以做到。

機會源於充分相信自己的選擇

剛剛走出校園的大學生們，滿腦子裝著對未來生活的美好憧憬，美好的人生就是由這些大大小小的希望和理想串聯而

成的。雖然這些美好憧憬支撐著畢業生前行；但是，當他們離開校園，進入一個新環境時，心中的理想好像變得越來越遙遠了，理想漸漸消失，他們就會懷疑自己當初的選擇，質疑那份堅持是不是值得的。

2009 年夏天，周偉順利獲得電腦科系博士學位，並贏得了留校任教的機會。畢業之前，他對自己的職業生涯有很多美好的設想，現在做了大家都羨慕的大學教師，他覺得這樣的結果也不錯。可不久之後，他發現這份工作包含著很大一部分的理論研究工作，而自己並不擅長理論研究，工作中的跌跌撞撞讓周偉感到非常沮喪。

他跟朋友這樣形容自己的工作狀態：「我就像圓孔方木。」雖然，周圍很多朋友都很羨慕他可以留校任教，找到一份較為穩定的工作，不用像在企業那麼辛苦，還有寒暑假。可周偉卻進入不了工作狀態，也不開心，開始懷疑自己選擇留校任教是不是個錯誤。

可以說，周偉正是現代很多年輕人的寫照：由於自己剛剛進入社會不久，對各個職業的了解並不深入，再加上現代職業發展多元化，在各行各業「亂花漸欲迷人眼」的狀態下，就會開始懷疑自己的選擇。其實，職業的多元化給我們提供了更多的就業機會，不管你身處哪個行業，哪個職位，機會都是無處不在的，只有相信自己的選擇才能獲得屬於自己的機會。

　　激烈的職場競爭，要求我們的能力和心理素養更加全面。但事實上，我們不可能學習並擁有所有職業需要的知識和能力。在初入職場的階段，遇見困難就懷疑自己選擇的職業不適合，總想著其他行業可能機會更多，這種心態不利於今後的職業發展。相信自己的選擇，並在這一領域內不斷學習相關知識，累積相關資源，機會最終會自己找上門來。在自身職業能力得到提升的同時，積極正面的情緒會主導我們，刺激更多的靈感和潛力，從而使我們進入良性循環的狀態，一步一腳印地走好每一步路。

　　有句話說：「人生最大的敵人便是自己。」只要跨過自己的「心魔」，就沒有什麼能阻擋我們前進的腳步。妄自菲薄是一些畢業生的共同弱點，造成他們缺乏鬥志、逆來順受、被動接受、情緒低落，甚至逃避現實。

　　肯定自我能幫助我們堅持自己的選擇，並勇敢地走下去。有些人，常常對著鏡子說「我是最棒的」，透過這種自我暗示和自我鼓勵，學會表揚自己、欣賞自己。把自己的優點、成績、滿意的事情，通通找出來，在心中「炫耀」一下，反覆暗示自己：「我能成功」、「我可以」、「我是最棒的」、「我的選擇是正確的，只是我需要時間和能力去證明」，逐步擺脫質疑自己選擇的困擾。

　　每個人在求職路上，難免會遇到挫折和不公平。雖然，人

生來平等，但因受環境和物質的各種因素影響，這種平等總是相對的，這就是大時代的特點。即使我們此時沒有辦法展現出滿滿的自信，那也請記住：放棄自己就意味著徹底失敗。因此，我們要給自己描繪一個成功的藍圖，反覆提醒自己「只要每天前進一小步，一定能夠實現」。賦予未來藍圖更多的意義，而不僅是物質追求；物質追求沒有盡頭，而偉大意義卻能充實你的內心，這會給自己積極的心理暗示，只有你自己充分相信自己的選擇，機會才會降臨到你身上。

2000 年，剛剛走出大學校門的楊少峰，在萬頭攢動的就業博覽會上打出了「誰聘我？年薪 50 萬！」的廣告，一夜之間，他成為數十家媒體關注的新聞人物，並成功地為自己找到了高薪工作。

楊少峰無疑是贏在了大膽的定位上。很多人都在把他稱為「天才推銷者」，其實，你也可以是位成功的自我推銷者。把自己「賣」出個好價錢的關鍵是你敢不敢「拍賣」自己，而「敢不敢」的前提是「信不信」。只有明確地定位自己，並相信自己的選擇是適合自己的，就一定會有機會展露你的才華，成就一番事業。

春秋時期，楚國有一個琢玉高手，叫卞和，在荊山裡得到一塊璞玉。

卞和雙手捧著璞玉分別面見過楚厲王和楚武王，卻都被當時的玉匠說成石頭。卞和也因此失去了雙腳。

直到楚文王即位，終於相信了他，並且讓人剖開璞玉，才發現果然是稀世之玉，隨後把它命名為和氏璧。

和氏璧原本也是蘊藏在山間的，不經過挖掘，價值連城的和氏璧永遠不會被發現，被發現後如果不經琢磨，也永遠都只是一塊璞玉。其實，每個人都是一塊璞玉，只是有的被雕琢，有的沒有被雕琢而已。所以，不要輕易懷疑自己的選擇，一定要記住，不管你選擇了哪一條道路，挫折都是不可避免的，在遇到挫折或者被否定的時候，千萬不要因此去懷疑自己的選擇，不經雕琢的璞玉是永遠不會顯露出自己的價值的。要相信自己是一塊和氏璧，堅持自己的選擇，才能獲得不一樣的機遇。

我們的身邊常有這樣的人，他們看起來反應慢、不聰明，甚至有些木訥，但卻往往能在特定的領域裡獲得令人矚目的成就。因為，他們始終相信自己是一塊「和氏璧」，能夠專注於自己擅長的領域，發揮自己的優勢。假如，他們在遇到低谷和挫折的時候，就懷疑自己當初的選擇，甚至改變道路，那他們怎麼會取得現在的成就呢？

堅持自己的選擇，當自己的優勢充分發揮出來的時候，成就感就會與日俱增，幹勁十足，遇到困難時就不會退縮，而是

勇敢地前進。只要能在困難面前勇往直前，就不用愁何時能夠
獲得成功。

信心的孿生兄弟 ── 迷茫

　　信心和迷茫這兩個詞，從字面意思來看似乎沒有多大相
關，其實它們關係很緊密，就像孿生兄弟一樣，是矛盾的兩個
面向，它們同時在我們的內心中互相較量。雖然信心和迷茫通
常不會同時顯現，但是一旦信心消失，迷茫就會馬上主導你的
情緒和行為。

　　作為公司部門主管，馬伊娜憑藉著女性特有的溫柔，在同
事中獲得了不錯的評價。平常也有很多新員工來找她談心。

　　一天，一位剛剛到職的大學生在下班後找到她，傾訴自己
現在的煩惱：「馬經理，我對自己現在的工作狀態並不滿意，我
本想找一份稱心如意的工作，希望能透過這份工作改善自己的
生活環境。可是，現在的工作收入太低，連基本生活都維持不
了，您說我該怎麼辦呢？」

　　看著這位在職場中有些迷茫的新人，馬伊娜微笑著問她：
「如果你對現在的工作不滿意，那麼，你想從事什麼樣的工作
呢？」

　　這位大學生想了想，回答道：「我也不清楚。我想去做業務工作，我覺得做業務能賺錢，但是我又對自己沒有信心。所以，心裡很糾結。」

　　馬伊娜聽完後點了點頭，繼續問她：「那你告訴我，你覺得自己最適合什麼樣的工作？你生活的目標是什麼？你最想要實現的又是什麼呢？」

　　馬伊娜的話，讓這位大學生沉默了很久。過了一會兒，她吞吞吐吐地說：「其實我也不太清楚我想要的是什麼。一直以來，我都沒有考慮過這些問題。我不知道自己究竟喜歡什麼，好像對很多東西都有點興趣，可是又提不起精神去學、去嘗試。我經常會感到迷茫，我想，我應該重新認識自己，對自己今後想發展的目標有所思考了。」

　　馬伊娜點點頭說：「有這樣的認知，你才算正式脫離了校園，走進了職場。我建議你向公司申請換個工作職位。但由於你還不知道自己想去哪個部門，不知道自己該做什麼工作，甚至對未來的工作都沒有信心；所以，在你提出申請前要先去做兩件事：首先，要想清楚自己要的是什麼，很多人會忽略了這一點；其次，努力實現你的規劃，盡可能地做到有條理，這樣，你離成功也就不遠了。

　　看著這位員工依舊迷惑的表情，馬伊娜說：「其實你和當年

的我一樣，心裡很『迷茫』。但是，想要改變迷茫的狀態，除了想清楚自己想要的是什麼之外，還必須腳踏實地做事，才能走出迷茫。職業是一個實踐性工作，你需要給自己制定一個相對長遠、切實可行的目標，然後做一份執行計劃，這樣，自己的未來才夠清晰。」

馬伊娜女士說得很對，真正阻撓自己成功的是「迷茫」的狀態。對於剛走出校門的大學生來說，要走出迷茫，重拾信心，需要一個明確的目標和長遠的計劃。只有對自己的未來有了準確的定位，並制定一份如何實現它的計劃時，才能看清楚未來的輪廓，才能把阻擋在路上的絆腳石變成鋪路石，繼續向自己的目標邁進。

那麼，如何規劃自己的未來？首先，需要制定一個適合你的目標，如果你把自己未來的目標定得太低，就沒有辦法充分發揮你的潛力；目標定得太高，實現它的可能性就會變小，你會因此失去信心和奮鬥的積極性。只有客觀地衡量自身實力，清楚地意識到自己的優勢和不足，按照客觀情況設定自己的目標，你才能進入一個最佳狀態，慢慢找到你所期待的生活。

有了目標就有了努力的方向，但是在這個過程中信心也是不可缺少的。任何人身上都具有某些其他人不具備、無法替代的特別之處，這就是他的特質和優勢，哪怕是再小的優勢，也是他的財富。在通往成功的道路上，要秉著對自身優勢無限相

信的態度，挖掘出屬於自己的特質，創造出更有價值的成就。

　　信心增加了，迷茫就消失了。信心是一種心理特性，它反映了個體對自己是否有能力成功地完成某項活動的信任程度，是一種積極、有效表達自我價值、自我理解的意識特徵和心理狀態。而迷茫的感覺就像黑夜裡航行卻失去燈塔的船隻，沒有方向，獨自面對黑暗。這時，自卑、恐懼乘虛而入，放棄、逃避成為心理慰藉。

　　迷茫將導致你失去健康的心理狀態。人都有表現自我、希望能夠獲得他人認同的本能。迷茫的人較難獲得心理認同感，更容易導致自卑或自閉，降低了自己人際交往的能力。現代社會是資訊社會，人與人之間的社交距離正在不斷縮短，自信心在日趨頻繁的人際交往過程中顯得非常重要。迷茫的心理狀態阻礙了人們積極正面的交往，影響了良好的人際交往氛圍和效果。

　　迷茫讓人喪失勇氣。迷茫的人很難用一種大無畏的勇氣來面對生活中的挑戰，更不可能表現出一種輕鬆自然的生活態度。

　　迷茫讓人不能果斷行事。對自己有信心的人勇於承擔責任，迷茫卻使人變得優柔寡斷，瞻前顧後。

　　迷茫讓人盲目自大。對自己有信心的人能正確對待自己的優點和缺點，從而可以更加客觀地看待自己，謙虛待人，虛心

進步。而迷茫的人，為了掩飾自己內心的不安和恐懼，常常表現得盲目自大、大言不慚。

　　不要讓迷茫戰勝信心，它只會讓你不斷放棄，不斷選擇，最終還是沒有找到屬於自己的道路。我們要學會趕走迷茫，沿著既定的選擇，逐步成長。

當無法改變世界時，改變自己

　　劉明東又參加了一家公司面試，同樣還是沒有收到任何回音。這已經是他畢業後應徵的第七家公司了。眼看著周圍的朋友生活過得越來越好，工作也越來越順利，而自己還住在簡陋的小屋裡，求職未果，他十分苦悶。在安靜的夜裡，他反覆地問自己：為什麼會是這樣？是沒有別人的聰明才智嗎？還是工作能力沒有他們強？

　　一天，他向朋友訴說了自己的苦悶，他不知道為什麼自己的生活會變成現在這樣。朋友一針見血地指出劉明東的問題所在 ── 不會控制情緒以及比較孤僻的性格。他不得不承認，這的確是自己的缺點，只是以前他從來沒有想過要去改變。

　　這次談話結束後，劉明東開始自我檢討。自己以前不該得理不饒人，不該不分場合頂撞別人，不該稍感不滿就抱怨……

　　反思以後，劉明東痛下決心，首先改變自己孤僻的性格，做一個積極、樂觀、友好的人。他從一點一滴的微小之處做起，開始變得冷靜、容易溝通。沒過多久，劉明東的生活發生了巨大的變化，他滿懷信心地再次去面試，經過幾輪複試後，成功被錄用了。他改變了自己的性格，也改變了自己的命運。

　　在新公司工作了 2 年，性格的改變使劉明東建立了良好的人際關係，在同事和主管中獲得了不錯的評價。劉明東越來越沉穩，在公司經濟狀況一度不景氣、人心浮動的時候，他選擇了沉著應對，向公司主管提出了很多極具建設性的方案，並主動承擔公司的部分業務。在之後的半年裡，他幾乎投入所有時間，盡自己最大的努力幫公司度過了難關，成為了公司的中流砥柱。

　　外界環境不可能隨著我們的心願改變，我們只能努力改變自己去適應周圍的環境，讓自己變得強大，充滿正能量。

　　想要改變自己，首先學會思考，這樣做的意義在於我們能夠充分認識自己當前所處的境遇，能夠根據形勢尋找解決問題的方法，總結失敗的教訓，分析為什麼未能達到既定的目標，避免類似情況再次出現。

　　及時糾正為人處世中的缺點，需要透過自我反省來實現，反省能夠對心理活動進行整理與回饋。它能夠讓當局者變成旁

觀者，把自己變成一個被審視的對象。也就是說，反省能夠讓我們站在另一個人的角度，以第三者的立場來觀察自己，反思自己，從而完善自己。只要有自我反省的勇氣和意識，改變自己不是難事。

最終獲得成功的人，不會在失敗的時候抱怨別人，而是從自身尋找原因，反省自己的行為，審視自己的心理。其實心理和生理是一樣的，如果你不在乎自己的身體，或者諱疾忌醫，剛開始時可能還只是一些小疾病，但如果你不願意接受自己有病的現實，選擇積極治療，小病就會發展成危及生命的大病。同樣，如果不及時反省自己在職場中的種種表現，克服自己的缺點和不足，你的競爭力就會逐漸退化，直到最終變得平庸。沒有及時反省，就無法擁有站得高、看得遠的視野。

目前，剛剛畢業的大學生大多是獨生子女，他們習慣嚴以律人、寬以待己，經常對別人的行為斤斤計較，卻忘了審視自我。他們總是認為功勞和成果都是自己的，失誤和責任都是別人的。這些觀念導致他們在職場中四處碰壁。

有些畢業生堅持自己的個性，當現實需要他做出改變的時候，他總是很不情願，「我現在很好，我為什麼要改變？」黃玲玲就是他們中的一個，2011 年畢業的她，很幸運地進入了一家排名前段班的電商公司，從事業務工作。黃玲玲是獨生子女，在父母的百般呵護下長大，個性非常自我。上學時我行我素

的她，工作時依然如此。除了自己的工作之外，她理都不理別人的事，和同事之間的摩擦不斷增加。漸漸地，她被大家孤立了。有一次，一位好心的同事提醒她需要改一改自己的處世方式，可是她卻很不屑地說：「改什麼改，我一直這樣，蠻好的。」

黃玲玲的表現，源於她對角色的錯誤認知，造成「角色中斷」導致的「畢業症候群」。畢業了，就職了，意味著一個人從學生變成了「職場人」，這是從依賴走向獨立的關鍵轉折點。但是，很多學生卻未能意識到這個轉折，他們沒能徹底地完成從學生向「職場人」的轉變，再加上工作環境不適應和挫折衝擊等一些外部因素的影響，這些學生很容易產生嚴重的牴觸或抗拒心理，而且未能及時調整。

但有一句話說得很好：「我們無法改變天氣，卻可以改變心情；我們無法控制別人，但可以掌握自己。」其實，我們自己的情緒是可以透過對自身認識、協調、引導和控制進行管理的。對情緒的管理，可以充分挖掘我們的情商，培養出駕馭情緒的能力，從而保證良好的情緒狀態，提升自己在不同社會環境中的適應能力。

職業規劃中很重要的一個層面，是保持自己的心理平衡。職業心理狀態不僅會影響目前的工作狀態，而且關係著你的職業發展，並且對自己的未來產生深遠的影響。可大多數人在做職業規劃時，根本沒有考慮到這個問題。從表面上看，他們滿

面春風、精神抖擻，但是這只是暫時良好的精神狀態，在遇到問題的時候，找不到合適的方式去解決，問題只能越積越深，終究有一天會因承受不住而爆發，或是由於壓抑太久而形成畸形的職業價值觀。

要想成為一個成功的職場人士，你需要正確地面對自己的角色，避免產生負面情緒，學會做一個能夠管理自己情緒的人。當外部環境不能按你的想法改變的時候，你需要改變自己，控制自己的情緒來適應周圍的環境，從而獲得一個積極向上和努力進取的職場心態。

態度，決定了你的事業高度

在職場中，能夠升職加薪是每個人的願望。但想要達成這個願望說難很難，說容易也很容易。它的困難之處在於你沒有抓住其要領，看上去工作很努力、辛苦，卻沒有打動主管的心；它的容易之處在於只要你能做好每一件小事，升遷的機會就會因此大大增加。

這是因為不管在什麼樣的職位上，大事都是由許許多多小事組成的，再複雜的工作都是從一些小的細節開始的。職場中無小事，做不好細節，重要的工作就容易漏洞百出，沒有了小

事作支撐，大事就成了空中樓閣。很多初入職場的人，容易以任務的大小來決定用什麼態度去面對它，這是個嚴重的錯誤。事雖小，但不代表它不重要。如果安排的小事你都做不好，有誰會相信你能完成更大、更重要的工作任務呢？

　　想讓主管看見你的點滴付出，認同你的能力，最簡單的一個途徑就是 —— 認真做好工作中的每一件小事。把每一件小事做好，由量的累積達到質的飛躍，在職位上做出成績，升遷也就是水到渠成的事了。這就要求我們在工作中要有一個良好的工作態度，態度的好壞決定著你事業發展的程度。

　　所有想要在事業上有所作為的年輕人，都應該記住這樣一句話：與其渾渾噩噩混日子，不如從我們經手的每一件小事中學到知識，獲得成長，從簡入繁，積少成多，最終達到質變，在自己的職位上創造奇蹟。

　　對於小事，不同的人有不同的理解，最後的收穫也大不相同。有些人做起事來好高騖遠，不屑於做小事，遇見大事的時候，又束手無策。時間久了，就會在高不成低不就中蹉跎一生；而務實的人則會安心工作，把手中的每一個小任務都當成鍛鍊自己、提高自己能力的機會。

　　美國興起石油開採熱的時期，有一位胸懷壯志的青年跟著千百萬「淘金者」一起來到了採油區。

剛開始，他所做的是整個公司中最簡單枯燥的工作，具體說來，就是用輸送帶把一個個石油桶送到旋轉臺，等到焊接劑滴下並且沿著蓋子旋轉一圈之後，再把油桶入庫。青年從早到晚的工作就是這道機械工序，一天幾百個石油桶，天天都在重複。

青年在做了半個月後忍無可忍，找到主管問能不能讓他調換工作。主管聽了之後冷冷地警告他：「你要麼好好做，要麼離開這裡另謀高就。」年輕人此時沮喪而羞愧，沮喪的是居然這個小小的心願也會招來反對，羞愧的是難道自己連這點小事也做不好嗎？回去後他冷靜下來仔細思考：「既然他現在並不能換到更好的工作，那就先把這個不好的工作做好吧，這也是我的責任啊！」於是，這個青年靜下心來，雖然每天都在做重複幾百遍的工作，他也能做到一絲不苟。

有一天，他突然注意到一個有意思的細節：桶子每旋轉一次，就會滴 39 滴焊接劑，但總會有一兩滴沒有造成作用，機器每天都會重複幾百次這樣的動作，如果能把焊接劑減少一兩滴，也能節省很多。經過仔細研究後，青年研製出了「37 滴助焊劑型焊接機」。但是很快他又發現，這種機器塗助焊劑焊出的油桶在使用時會有漏油的現象，他又進行了改進研製出了「38 滴助焊劑型焊接機」。

這樣，雖然每個蓋子都只能節省一滴焊接劑，但卻能給公

司帶來每年 5 億美元新利潤。

這個青年，就是日後掌控美國石油業的石油大亨 —— 約翰・戴維森・洛克斐勒（John Davison Rockefeller）。

請記住：能力是練出來的，被認可是做出來的，潛力是挖掘出來的，讓大家看到你的行動，否則一切無法落實的想法都是無稽之談。很多職場新人在工作中斤斤計較、目光短淺，認為這個不該自己做，那個不該自己做。他們覺得如果沒有額外的報酬，自己憑什麼多做事。這樣的人不願意承擔，不願付出，認可你的人必然就少，升遷加薪的機會怎麼會落到你頭上呢？

多做一點，等於多一次展示自己的機會，你每做一件小事都有許多雙眼睛在關注你，有很多人在內心評價你，慢慢地，你自然就可以贏得大家的信賴，從而獲得更多的發展機會。

優秀的工作態度，大多是靠我們自己培養起來的。認真做好每一件小事，可以培養良好的工作態度和職業素養，學會培養自己才稱得上是「自己真正的主人」，推動你出色地完成今後每一項工作任務。

道德品質和敬業精神最直觀的綜合展現就是責任感。在職場上，具備強烈的責任感是下屬快速打動上司，獲得升遷機會最有力的武器，而不負責任的態度會讓你瞬間失去上司信賴。一位企業家曾經說過：「在我的員工中有一種人最可悲、也最

可憐，就是那些每天只想獲得薪水，而對其他事情一無所知的人。這樣的人不要說升職，能保住現在的工作就不錯了！」

在職場上，對每一項工作任務都全心投入，是職場發展的基本態度。如果你僅僅把工作當成收入來源，只會覺得辛苦，總會擔心會不會失業，感覺前路渺茫，怨天尤人；但是如果你能夠把所有工作都當成自己的成長舞臺，把公司的事當作自己的事來做，勇於承擔更多的責任，你會發現工作將充滿快樂，在平凡的任務中也做出不平凡的貢獻。

在職場中，那些混日子的人總是希望工作要錢多、事少、離家近。這樣的員工不論工作能力如何，首先在態度上就敗了，他們雖然每天準時上下班，但卻表現得像一個「局外人」。工作時總是「偷懶」，只關注工作能不能多些收入，使工作品質大打折扣，對自己本分工作以外的其他人和事都漠不關心。這樣的員工，在公司發展平穩時勉強自保，一旦公司需要調整，他們會第一個丟掉飯碗。很多人還不明白為什麼自己第一個被「炒魷魚」了，反問道：「我這麼盡本分，究竟做錯了什麼，對我太不公平了。」

每一家公司的發展、部門的成長都需要具有奉獻精神的員工，而每個員工的發展機會都與團隊發展密不可分，「事不關己，高高掛起」的想法秒殺的是自己。團隊不會因為失去你就無法運轉，如果團隊因為有你運轉得更好，這就是你的價值！

　　在職場中，有些人工作能力很強，但由於他們因為怕擔責任而拒絕上司交代的高難度任務，逃避責任，結果是他們能做的事情越來越少，成長的機會也越來越少，為公司做的貢獻也就越來越少，逐漸被人遺忘。而另外一些人，剛開始在工作中表現得並不出色，卻勇於承擔責任，並想盡一切辦法把自己的工作做得更好。而且，他們一般勇於做決定，會把工作當成自己的一項偉大事業來做。這兩種不同的態度就決定了兩條不同的職業發展道路。

　　然而，「多做多錯」的職業惡性循環也常常給願意「多做」的人帶來很多擔憂。在你的能力範圍之內，時間可控，又得到別人支持的「多做」不是「多錯」；好大喜功，嚴重超出自己能力範圍，麻痺大意造成的「多錯」才是「多做不宜」的元凶。在大多數情況下，聰明的老闆更常關注的是做事人的初衷，我們也無需過於害怕由於過錯導致的結果，只要勇敢承擔，擅長歸納和改正，未來的職業一定會朝著良好的方向發展。

理想始終要建立在現實的基礎上

　　有這麼一個笑話：從前有兩個人，一個叫理想，一個叫現實。他們雖然性格差別很大，但卻是非常好的朋友。

有一天，他們一起去海邊露營。在沙灘上搭好了帳篷之後，各自鑽進了帳篷準備休息。因為帳篷的密封和保暖性都很好，基本上沒有海風吹進來。沒過多久，兩人就都睡著了。

可沒想到，到了半夜，一陣寒風把兩人都給凍醒了。

「你看到了什麼嗎？」現實問理想。

理想回答說：「我看到了浩瀚的宇宙，還有璀璨的銀河，我好慶幸自己能來到這個美麗的地方……你看到了什麼呢？」

現實回答道：「我看見有人把我們的帳篷偷走了。」

雖然這只是一個笑話，但是在生活中，理想和現實組合在一起才可能成就最美好的生活。所以，大學生一定要學會面對眼前的現實，但同時也不失去超然的灑脫，就像一位名人所說的「仰望星空，腳踏實地」一樣。

對畢業生來說，剛離開校園進入社會，累積經驗遠比多賺錢更重要。

在剛踏入職場的時候，踏踏實實做好自己的分內工作，努力累積工作經驗，這決定了你以後的職業發展。剛從象牙塔裡走出來的大學生們，往往懷抱著理想化的思維模式和「不能委屈自己」的想法，希望自己出了校門就能指點江山。但是到了找工作時，才發現自己遇上了經濟低谷時期，就業選擇特別少，壓力非常大，殘酷的現實讓他們感受到了理想和現實之間的落

差。走入職場，理想化對你的職業發展道路並無裨益，大學畢業生們進入職場之後就要盡快面對現實，不能只談理想。

　　有理想有抱負，是每一個優秀職場人都該具有的特質，有理想並不代表可以天馬行空，有抱負也並不代表可以大若汪洋。理想與抱負要化作自己可以看見的目標，這才是合理的。有些畢業生緊盯理想，認為自己應該去做更大的、更重要的事情。有的畢業生甚至認為自己能力非凡，一進公司，上司就該對自己委以重任；有的畢業生一開始工作就準備在 4 年內當上主管，6 年內成為總監，35 歲之前要成為年薪百萬的管理者。結果剛開始工作就發現自己能力沒能得到施展，不是抱怨東家不好，就是抱怨機會不好。看到別的同學待遇比自己好，整天想著跳槽。曾經的種種抱負被現實碾得粉碎，自己也從一個志向遠大的年輕人慢慢變成一個庸碌無為、成天為了生計而奔走的普通上班族。實際上，這是把職場看得太過於理想化，缺乏正確職業規劃的結果。

　　作為一個職場新人，要做的一般都是一些基礎性的工作。這可能與你的職業理想相差很遠，但你一定要戒驕戒躁，盡快回到現實，保持平衡的心態。另外，作為一個職場新人還要學會適應艱苦、緊張而又不斷重複的工作。自命不凡、好高騖遠只會使自己處於「白天做夢，晚上恨夢」的狀態。

　　實際上，不論是公司還是個人想要發展得越好，其基礎性

的東西必須越扎實。經營自己的職業，不能虛幻，需要有牢固的基礎。一家企業招聘的員工無論學歷高低，本意大多不是只給其定義為一個永久性的基層人員，都希望這些人能快速成長起來，否則就不會有那些成功人士的故事了。在基層工作中的成長，決定了你以後的職業發展。

職場新人，不管你在學校的時候有多麼優秀，你都要多看多學，放下姿態，虛心求教，培養自己對工作的求知欲，你很快就會發現老職員的身上有很多值得你學習的地方。高高在上的姿態、害怕被嘲笑的心理，很難獲得其他人對你的認可和幫助，以後的工作就更難有進展。如果沒有經驗，還不懂裝懂，才是真正的笑話。

有些畢業生剛進公司，感覺自己就像個「打雜的」，如果你有這種感覺，恭喜你，你的感覺和眾多高階主管、企業老闆等初入職場時的感覺一樣。「打雜」的工作最能鍛鍊正確的職業意識、職業價值觀和職業素養，也最能展現你個人的工作態度和能力。把理想的大事，分解為可以操作的小事，把自我抱負的大事，化為能做的雜事，你就是自己的老闆。千萬不要感覺委屈，沒有一個老闆是「傻子」，高薪聘請一個人就為了讓他做「打雜工」，老闆的用意是在考驗你是否是可造之才。

當老闆用各種瑣碎的工作把你的理想打得支離破碎的時候，不要抱怨他不了解你，大材小用。實際上恰恰相反，他是

在透過這些小事來了解你，給你證明自己的機會。此時，你最好的做法就是拾起那散落一地的理想，從頭再來，從點滴做起。因為只有經歷了這些，你的理想和抱負才會最接近現實，你才能真正有機會去實現它。

　　所謂新人，就是一個重新做人的過程，重新構建自己思維意識的過程，有人經歷了，有人正在經歷，有人選擇了放棄。對職業發展太過理想，有可能會斷送掉你的職場青春，面對現實，重新認識自己的理想和抱負，不是倒退，而是你有了勇敢面對現實的能力。只有這樣，你才能在職場上贏得別人的尊重，獲得更多的發展機會。任何人都是從平凡走過來，去追逐成功的，在職場中沒有一步登天的捷徑，用基礎工作去打造通向理想彼岸的帆船，認真地做好平凡的工作，最終才能找到屬於自己的事業。

第 *3* 章
找準你的定位：人生從此大不同

適合自己的才是最好的

　　4 年前的我們滿懷憧憬、充滿熱情地走進大學。當美麗的大學校園出現在我們面前時，我們不後悔曾經的選擇。4 年後，我們走出大學校園，該如何選擇自己今後的道路呢？考研究所、工作、出國留學或者去學一技之長……

　　有些大學生發現，技術學校畢業的學生找工作容易，而且薪資也不低，所以認為學一門技術是解決就業困難的好方法。於是，報名參加了各種技術培訓班；還有一些大學生在畢業之後發現工作難找，待遇不滿意，然後去讀研究所，想著學歷高點，競爭力就強點；有的大學生決定出國鍍一層金再回來，這樣找工作就輕鬆了，薪資一定更高。

　　畢業生在面對這種種選擇時，一定要根據自身的情況選擇適合自己的道路，釐清自己的職業目標定位，並詳細地考查不同選擇的各種成本，綜合比較，認真思考之後再做出理智的決定，千萬不能盲目跟風。不管怎麼選擇，我們都要經得住「山重水複疑無路」的考驗，最後看到彼岸「柳暗花明又一村」的美景。

　　知名網路公司的首席系統設計師丁磊，帶領公司從一個當初只有十幾個人的小公司，發展到在美國公開上市的 IT 企業，可以說是成功人士的典範。

丁磊在電子科技大學讀書時，成績一直名列前茅。畢業的時候，周圍的老師和同學都建議他考研究所，繼續深造。有位老師還說：「這麼好的成績，如果不考研究所，就太可惜了。」以丁磊的學習成績，考研究所對他來說是「小菜一碟」。

1993 年政府對於 IT 產業的新政策，讓他覺得好機會錯過就不會再來了。於是，丁磊做出了決定，毅然放棄考研究所，選擇了就業。畢業之後，他被電信總局錄取了，做了一名工程師，在這裡工作了 2 年，學會了 Unix 和通訊相關事務。

當時正是網際網路發展得如火如荼的時候，丁磊有了自己創業的想法，於是他辭去了工作，抓住了創業的最有利時機，建立了自己的公司。

從丁磊的經歷，我們可以看出，他的成功，與當初沒有盲目聽從大家的意見，毅然做出適合自己的選擇是分不開的。丁磊放棄了讀研究所的機會，但卻累積了創辦自己公司的資本，收穫更多。放棄了繼續深造，選擇了艱苦創業，如果用失去與得到來衡量，他當初的放棄就是正確和值得的。而實際上，選擇的過程是痛苦的，創業的艱辛也是人們所不知的，而最終的成功證明了丁磊的選擇和定位是正確的。

在職場上工作經驗和實踐經驗是用人單位最注重的。同一個科系的研究生很難說能比本科畢業生多占多少職業優勢。很

多的用人單位現在對「海歸」的身分也並不看重，甚至有人開玩笑說現在「海歸」已經變成「海待」了。還有很多「海歸」拿到的月薪和同一企業裡國內畢業的大學生相當。對企業來說，有沒有工作經驗和實踐價值，直接關係到能不能讓公司獲得經濟效益，應徵人員的學歷已不再是選擇優秀人才的唯一標準。

事實上，不同的行業有不同的發展道路，對人才的要求也不同。有的行業強調經驗和社會實踐，越老越吃香。如法學就是與現實結合得很緊密的學科。從事這一行業的人，考取律師證書會比考上法學研究所更有助於事業的發展。本科畢業生有了律師證書，可以在政法領域獲得更好的發展機會，但是沒有考取律師證書的研究生只能做案件的助理。當律師經驗極其重要，工作的時間越長，待遇也就會越好。另外還有一些行業需要年輕人，比如說新聞記者就適合有一股衝勁的年輕人。如果年齡偏大，即使學歷高在該行業也沒什麼優勢。有的行業需要高學歷高技術人才，如對醫學專業的學生來說，博士學位會有更好的職業發展。

對於畢業後準備就業的人來說，外商、國營事業和民營企業，進入哪一類企業工作也是一個非常難做決定的選擇。由於對企業的性質和區別都不太了解，所以有些大學畢業生常常感到茫然，不知該根據什麼去選擇。

在這幾類企業中，國營事業薪資普遍偏低，外商相對較

高。外商的高薪水、人性化管理吸引了大批優秀畢業生。但是，外商也存在弊端，在金融危機下的外商，常常成為人們關注的裁員重災區。

民營企業的生命力很強，在重重壓力下頑強艱苦地尋求發展，解決了國家大部分就業問題。

國營事業的工作穩定，但是薪資一般不會發生太大的變化，隨著工作年資的增長，薪資也會有所增加，但是幅度不大。

從工作強度來說，外商和民營企業工作節奏都比較快。外商是流程化的體系，更強調系統性、專業性。每個工作單位都很清晰，在制度建立和體系建立上普遍較為完善。在大多數情況下，員工只需要掌握工作流程中的某一個部分就行，工作通常以責任制為主。所以，在考核上，多以完成自身工作作為考核依據，特別是在金融危機後，這種責任制的加班也越來越普遍。現在外商「白骨精」（白領、骨幹、菁英）由於工作壓力大，其身心健康情況也備受關注。歐美企業相對來說管理更為人性化，日、韓等國企業的管理相對嚴謹很多，等級制度也較為明顯。民營企業是一個不會養閒人、競爭激烈的地方，每個人都必須在自己的職位上為公司做出貢獻。其體系和制度建立完善的空間較大，固定職位也常常需要做該職位以外的工作，所以職位輪調也是家常便飯，員工常常會被要求熟悉整個工作流程中的全部或多個部分，工作量大，但短期回報會很少。大多數

民營企業屬於人治管理，所以在用人上更重視忠誠度和員工多職位適應能力。民營企業人員的變動也相對較大。

從個人的發展前景來說，缺技術、缺人才、缺錢、缺乏政策的民營企業更關注員工的產能和效益提升能力，用人較為大膽，能者多勞，能者優先，能者回報也較大。大學生畢業後如果選擇民營企業，透過努力在短期內受到重用的可能性很大，發揮自己才能的機會和施展空間也較大。近年來，民營企業的生命力旺盛，已有一大批企業成長起來，成為具有國際影響力的知名企業，在人才吸引力方面不比外商企業差。

其實，大學畢業生選擇哪種性質的企業還是要根據自身的情況做出合理定位，然後再去選擇。在求職的時候，要全面考慮自己的需求，需求不同，路線也肯定會有所不同。從理論上來說，如果你想追求安穩的生活，可以選擇國營事業；如果你是對收入、工作環境、職業榮譽感要求較高，可以選擇外商企業；但如果你是想短期內就希望得到能力、職位、收入快速發展、想以後創業、想深入學習企業整體經營，可選擇民營企業。進入什麼樣的企業都有利弊，未來想如何發展，選擇適合的定位才是關鍵。

克服好高騖遠的心態

　　大學畢業生高楠讀的是法語系，班上同學們大多都找到了工作，大部分接受了被外派到非洲的一些法語國家工作，這是法語系畢業生一條主要的就業出路。然而，對工作環境有著極高要求的高楠卻拒絕了這樣的機會。

　　「一個嬌滴滴的女孩圖個什麼呀，就是想在都市裡闖出名堂來，想把媽媽接到大城市來，讓媽媽過得好一點。」最後一番哭訴，讓人不禁想起我們身邊有多少「高楠」，她們勇敢堅定地想扎根在一線大城市。可遺憾的是，她們都有類似的遭遇。用人單位也常常以居住地原因委婉拒絕一些不滿意的應徵者。正常情況下，一家公司如果真需要應徵一個當地的員工，在面試篩選時就已經淘汰，既然可以面試，就是給應徵者一個表現的機會，可高楠沒有抓住，沒有通過面試的真實原因為何呢？

　　高楠的話語雖然態度堅定，再苦再累也要在首都留下來，想透過扎根在首都向家人證明自己。可她對接下來將遇到的困難、挑戰缺乏充分的了解。所以，好勝的高楠在幾番遭遇拒絕後，顯得很無助。

　　對很多大學生來講，對北部的印象是收入高、生活水準高。缺乏對這些城市實際生活和工作狀態的真實了解，這種誤解和資訊來源有關。畢業生透過電視劇、網路劇、新聞、電影

來獲取對北部生活的了解，這些資訊是被肢解的、片面的。錯誤的資訊帶來錯誤的判斷。那些穿著名牌出入高級辦公室、開著轎車住著豪華公寓、動不動就度假、豐富豪華夜店生活的高階白領，這些都是為了吸引話題的「電視騙局」。使用誇張的手法，迎來收視率，創造更多利潤，電視裡的情節有多少是現實的？現實部分又有多少能為你所知？

　　社會各界都在熱議現在這空前嚴峻的就業形勢。關於高楠的求職故事，有些人在想為什麼她不選擇到中南部城市去發展呢？在我看來，這與選擇什麼樣的城市無關，中南部城市由於機會相對偏少，也同樣存在求職難、競爭激烈的問題。最核心的問題在於，自我認識定位不清導致的好高騖遠、眼高手低心態。

　　造成近幾年就業難的主要原因是供需的不平衡，以及一些求職者對就業存在著錯誤認識。大量的畢業生就業困難，同時也有大量的企業招不到合適的人，尤其是一些基礎職位，這些職位大多沒有學歷、科系上的嚴格限制。所以，畢業生找不到工作，不完全是社會就業形勢嚴峻造成的，還有求職者本身的問題 —— 好高騖遠。如果你願意接受現實，你也願意為適應現實而改變，那麼，就業就不是難事。

　　一個大學畢業生，參加企業面試，當面試官問到他對薪酬的要求時，他開始算起帳來：「房租 8,000 元，伙食費 8,000 元，

交通費 3,000 元，偶爾買點生活用品 4,000 元，過年過節還要給家人買點禮品，還要自己存點錢，我覺得我的薪資稅後不能低於 33,000 元。」這位畢業生的面試結果可想而知了。我們要知道企業不是福利機構，你的薪水一定和你的工作能力和工作經驗成正比的，而不是和你每月需要花費多少成正比的。如果你想獲得 33,000 元的薪資，你需要拿出些實力和能力說服公司，證明你值得老闆給你這樣的薪水。

有些畢業生為了虛榮心，決心要找一份高薪工作，心裡想：「假如我每月只拿 28,000 元的薪水，而有的人一工作就有四五萬元的收入，我不就是低人一等了嗎？」其實，每個人起點高低不同，起點低的，不代表終點一定落後。毫無工作經驗的畢業生，不可能一進入職場就有人賞識你、滿足你的要求。好高騖遠的心態就是用超出現實範圍的高標準來要求自己，卻從未考慮這個高標準，需要腳踏實地、一點一滴地實現。

每個初入職場的人都盼望著找一份待遇好、環境好、機會好的工作，由於太在乎「高品質」，結果忘了現在所處的現實。求職之路，切不可離開現實，盲目追求所謂的好工作。

職場的競爭更像戰場一樣，激烈、殘酷。企業在淘汰員工上也不再保守留情，職場新人經受的考驗更加嚴峻，「陣亡率」也不斷攀高。

剛剛入職的新人就像白紙，究竟會變成什麼樣的畫作，沒人能保證。對企業，這就是人力使用風險。企業會給你一個適應過程，資深員工也會用挑剔的眼光看你，工作內容、待遇水準也都處在一個較低水準，這是正常的。

有很多求職者，為了引起重視，一進公司，就擺出一副高階專業人才的架勢，開始對公司的種種評頭論足，證明自己如何了得，這是很不明智、不可取的方式。求職，第一步是成功通過面試，第二步是進入試用期，第三步才是成為正式員工，之後才談得上以後如何發展。

職場是實現個人價值的舞臺，在這個舞臺上，先要學會跑龍套，才會有機會成為未來的明星，過上想要的生活。自己還不是明星就不要在舞臺上擺出大明星的姿態，先做好配角，之後才能做主角。

畢業生在求職和初入職場的時候，碰壁是難免的，但是好高騖遠的心態是一定要摒棄的。

高薪與前途，你要站哪邊？

專家表示，不能簡單地縱向對比畢業生對於薪水的期望，因為社會在發展，經濟在進步，並不是說現在的大學生期望薪

水一定要比過去低，才說明他們比較理性，我們應該將畢業生的薪水期望值結合社會實際經濟水準分析，這樣才能準確地說明畢業生的薪水期望是否合理。

與大學畢業生的薪水期望相對應的是，用人單位願意給畢業生多少薪水呢？有些用人單位表示並不願意聘用剛畢業的大學生，這並不是歧視他們，因為用人單位都希望招到即戰力並能長期合作的員工。網路上有一篇引起熱議的文章叫〈我為什麼不要應屆畢業生〉，透過一位企業人資主管之口，仔細地分析了應屆畢業生求職群體的十大缺陷，並提出「改變大學生就業困境必須從完善大學生就業形象做起」。文中所提出的問題，大多也是大學生本身存在的，困擾大學生的是，該怎麼做才能從自身改善這些缺陷。

大學畢業生希望找到一份高薪的工作可以理解，但他們往往不知道怎麼做才能實現這一心願。初入職場的人需要了解，薪水受行業、企業性質、工種、職位影響較大。例如，電腦技術、金融、高階服務業的起薪與百貨零售、普通製造、運輸業之間就會有很大不同；民營企業、外商企業、國營事業的起薪也相差較大；同樣屬於銷售類的不同職位也有差異。這是由於長時間的社會分工造成的，而且在不斷發生變化，如 10 年、20 年前，有些新興行業連招人都很困難，薪水也很低，現在這些行業被稱為熱門行業，薪水一路漲高。原來大家想擠破腦袋進

去的單位，現在每況愈下，薪水也只能餬口。職場新人現在階段需要不斷學習、成長，發展成為行業中的中堅力量，才能獲取更好的保障。

過高的薪酬要求，會成為畢業生求職路上的阻礙。從公司的角度來看，他們不會給畢業生太高的薪酬。剛畢業的大學生，短期內能為公司創造的價值十分有限，公司需要花費人力、物力、財力去培養他們。如果新人順利通過試用期，成為正式員工，還得經過 1 至 2 年的鍛鍊，才能談到為公司做出貢獻。如果是一些實踐性非常強的工種，如高階裝置維護員、程式設計師等，2 年內能做的也只是很基礎性的維護性工作，等到能力提升後，薪酬才能跟著漲。對於畢業生而言，起薪就相當於公司讓你帶薪培訓，即使當下收入不高，可是我們得到的是學習機會。

員工的薪資是企業的成本，它包括顯性部分和隱性部分。顯性部分是你可以看到的薪資、獎金、補貼等，隱形部分包含保險、退休金、辦公物品等。在高檔辦公室上班的員工薪資未必高，但企業的總成本卻非常高，再加上短期內應屆生創造不了太高的價值，還要求高薪資，企業當然不買帳了。

人是企業最大的資產，也是企業最大的風險。對畢業生沒有足夠的了解前，企業怎麼知道你是風險還是有益資產，會不會是不良資產呢？低價買進才會比較安全。

「先就業再擇業」的正確理解，應該是先找個機會鍛鍊自己，提升自己的能力，假以時日，自我價值便能展現出來，這時，我們就有資本重新選擇那些更能展現自我價值的地方。

一張白紙的價格沒有多高，它的身價取決於上面的圖案是草稿還是精美畫作。如果是無名小輩的塗鴉，再好的白紙也都不值錢；即使是張不起眼的小紙片，如果是大師在上面隨便動動筆，那就可能價值連城。畢業生就好比是一張白紙，最終會不會成為「名畫」，關鍵是自己會不會「作畫」。

周華林和陳鵬是大學同班同學，關係很好。畢業時，他們一起參加就博會，有兩家公司他們都很中意。一家是外縣市的民營企業，公司不大，在交流中他們得知，這家企業最近 2 年發展得不錯，由於業務增加，新進公司的人員會有很多鍛鍊機會，工作雖然比較辛苦，但待遇一般；另一家企業算是知名企業，機構職能都比較完善，薪資福利都比上一家公司要好，雖然工作看起來比較輕鬆，但開始的一兩年做的都是基礎輔助性工作，俗稱「打雜」。經過反覆比較，陳鵬決定獨自去外縣市私人公司工作，而周華林選擇了當地企業。彼此工作繁忙，雙方連繫很少。5 年後同學聚會的時候，他們見面了。此時的陳鵬已晉升為公司經理，下屬四五十人，見識豐富、視野開闊，眾多公司和獵頭都想挖他；而周華林因為公司各項職能清晰明確，工作內容 5 年來沒有太大變化，工作水準和能力表現平平。

　　找工作時，眼光要放長遠，千萬不要受眼前多那麼一點薪水的誘惑，導致自己失去更多的發展機會。不管做出什麼樣的選擇，剛入職場的新人，前期的收入只是一張「白紙」價，真正能決定新人價值的是最終的「畫作」。所以，畢業生應該放長眼光，學會「作畫」，自身價值才會不斷提升。如果都沒有人願意給你「作畫」的機會，「白紙」終究只是「白紙」，會隨著時間的推移成為被遺忘的「廢紙」。

「廣投」履歷能提高成功率嗎？

　　「廣投」，指的是求職者為了增加找到工作的「機率」，不管是在網路上還是在就業博覽會上，都不加選擇地大量投遞履歷。他們想多投一份履歷，就可能多一份機會。

　　「廣投」這種「撒網」的方式證明了畢業生求職的盲目性。「廣投」很容易被企業列入黑名單，成為「惡意投遞者」，因為常常出現這種讓人資很反感的現象：面試邀請電話過去，投履歷的人卻一頭霧水，問道：「您是哪間公司？」、「我有投過嗎，我沒有印象了！」、「麻煩您幫我看看，我應徵的是哪個職位？」

　　那麼畢業生為什麼會盲目廣投？

　　求職心切 ——「同學都找到工作了，我不比他們差呀，為

什麼到現在還沒有結果？」心急了，所以亂投。

自我定位不明 ── 「要找個合適的工作真不容易。」只好大量地投遞履歷去碰機會，「公司通不通知是他們的事，我去不去投是我的事。」可他們自己並不知道適合什麼樣的企業，什麼樣的職位。

習慣性誤導 ── 畢業生找工作都喜歡瞎打聽。一旦有人分享自己是透過「廣投」的方式找到了現在的好工作，畢業生會立刻不問緣由複製這個方法。

職業幻想 ── 受自我定位不清的影響，在求職時憑感覺，時常幻想嚴重與自身情況不符的好工作，相信「廣投」會變幻想為現實。

希望引起重視 ── 「如果一家公司有多個職位，只投一個是很難被企業關注到的。」普遍撒網重點挑選，目的就是要引起用人單位的重視，獲得其中任何一個職位的面試機會都行。

義憤填膺 ── 履歷投了很多，可一直石沉大海、杳無音信。所以，心態從急躁變為氣憤，索性「廣投」以求增加回信的機會。

有人說：「投 20 次，會有 5 次面試機會，5 次面試會有 1 次被錄用。」受此言論的影響畢業生為了增加成功的機會，廣投履歷。

廣投，有用嗎？

有時會有用，但這不代表沒有副作用。如何正確地廣投履歷？關係到兩個因素：第一個是企業的人資；第二個就是自己本人。

我們先來看看企業人資通常是如何招人的。

負責應徵員工的人資，收集、篩選履歷是一項繁重的工作，他們需要快速有效地找到公司需要的人。對所需要的人，基本標準都寫在應徵資訊的職位要求中，學歷、科系、態度要求、技能要求、附加要求等。如果人資一個一個看所有應徵者的履歷，工作量太大，也太繁瑣了。所以，網路平臺上會有一個功能，透過設定，頁面一條一條顯示那些符合公司招人標準的資訊，一頁可以顯示數十條。如果人資感覺某一條符合標準，可以點選這一條，就會顯示履歷中的一部分內容（通常是開頭的部分）。人資對感覺不錯的資訊，就會點完整的一頁履歷，詳細閱讀。石沉大海的履歷都是在第一關就被過濾掉了。經過詳細閱讀，是否要通知你，就需要看人資自己的排序。根據什麼排序呢？如：人資今天審閱的履歷，發現有很多應徵者都符合公司應徵條件，但是因為時間的關係，不需要通知他們所有人前來面試，所以，從這些履歷中挑選幾個最合適的人選，先通知其來參加面試。在第一批應徵者裡如果企業招到合適的人選，這次人員應徵就結束了，如果沒有合適的，那就開始通知

第二批面試者。

　　企業這次應徵雖然結束了，但是應徵資訊會繼續掛在網路上，以便收集更多的履歷用於不時之需。所以，廣投要有效果，需要精準度。

　　精準廣投會增加成功的機會，精準是增加匹配度，提升入職的可能性。精準廣投的目的可以分為以下幾步：先被發現，被海選中，被精選上，評分高，成功入職。具體來說，被發現是讓更多企業看到你；海選中是基本條件匹配；精選上是人資願意透過你的整個履歷了解你；評分高就是面試過程公司對你有較好的評價；最後就是成功入職，在入職前有些企業會有培訓和經歷試用期，合格後才能成為正式職員。

　　了解了企業篩選履歷的流程，我們接下來要做的就是採取有效的投遞方式，避免廣投的副作用。首先，避免投自身條件嚴重不符企業應徵條件的工作，如企業要求有行業相關工作經驗2年以上，作為畢業生的你投了就是白投；有些公司要求有管理經驗，要求有業務經驗，嚴格要求有某項你並不具備的專業知識等，你都別投。其次，同一家企業不要投過多的職位，如一家企業應徵職位有10個，你除了保全和清潔人員不投，其他全投了，通常系統就直接過濾掉了你的履歷，即便你的履歷最後被企業看到了，你這種投多個職位的行為，會讓企業對你的印象大打折扣。所以，有針對性地向那些自己真正想從事，

基本條件也與企業相符的公司投履歷，是增加你面試機會的最好選擇。同時，廣投可以擴大到相關行業不同企業相似職位，需要注意的是履歷要做精，不要長篇大論，重點寫與職位要求匹配的個性特點和自身條件，而且要真誠地展示出自己優秀的成績和良好的人格特質。

　　小馬和小吳在大學的時候是同一屆校友，他們的專業程度和能力都很相近。一天，兩人偶然在一場就博會上相遇了。

　　兩個人對找工作的標準與想法各不相同。小馬的目標是要盡快找一份工作，而小吳想找一份適合自己的工作。所以，在人才市場上，小馬只是稍看一下企業的基本情況和應徵要求就投履歷，也不管這家公司是不是適合自己，很快他手頭上的履歷都投完了；小吳選擇性地投了四五個公司。結果，小馬獲得了好幾個面試機會，而小吳只有一個。可由於小馬對所投職位都沒有準備，面試全部告吹，很受打擊。小吳參加了唯一的面試，也沒有被錄取。在接下來的就博會上，小馬如法炮製，並且「報復性」地投得更多，小吳還是按照自己的想法有針對性地投遞履歷。兩個月下來，小馬成為同學中參加面試次數最多的人，可卻沒有找到一份工作。小吳一共參加了 4 次面試，終於在畢業後的第三個月找到了一份適合自己的工作。

　　2 年後，他們相遇，談起了自己的工作，小吳在公司已經嶄露頭角，很快就要晉升為主管了，而小馬隨便找了一家公司工

作，到現在還是位小職員。

小馬雖然透過廣投履歷獲得了很多的面試機會，卻沒有找到合適的工作。因為，面試只是雙方了解的平臺，小馬投遞的各個職位之間缺乏一定的關聯性，他很難累積相關職位的認知經驗。可不同職位人資在面試時會有不同側重，所以，小馬的面試成功率很低。而小吳本身對自己要從事的工作有了預期，在透過總結面試失敗的經驗，增加對職位的理解，最終成功是必然的，而且他找到了自己既喜歡又適合的工作，工作能力能夠迅速提升，未來的職業發展也會更好。

制定一個明確的職業生涯規劃

李開復曾任 Google、微軟全球副總裁，他早在 11 歲時就留學美國，但他一開始學的並不是電腦。

1972 年，李開復在美國哥倫比亞大學學習政治科學。

經過 2 年的學習，李開復發現自己的興趣並不在政治方面，而他在電腦方面卻表現出了驚人的天賦。在大學二年級時，李開複決定從政治科學系轉入電腦系，這也就意味著他將從一個全美排名第三的科系轉到一個非常普通的科系，這對於一個剛剛 20 歲出頭的年輕人來說是很有魄力的決定。

　　1988 年，李開復獲卡內基美隆大學電腦博士學位，在 1990 年至 1996 年期間，就職於蘋果電腦公司，出任語音組經理、多媒體實驗室主任。因其對互動多媒體的深刻認識、正確的趨勢判斷和全力的投入，晉升為公司的互動多媒體部全球副總裁，成為公司最年輕的副總裁，此後又在 SGI、COSMO、微軟、Google 等世界知名企業擔任要職。2009 年 9 月，李開復宣布成立創業培育投資機構，專注於創業人才和高科技企業的培育。

　　李開復聽從內心的聲音，開啟了成功的大門。大學時他發現了自己對電腦的喜愛，於是規劃出了今後的學習和職業發展道路，那就是離開政治科學系轉入電腦系，而且未來也將從事電腦行業。博士畢業後，他進入蘋果公司，在參與多個產品開發專案後，發現並準確判斷出互動多媒體的未來趨勢，在其帶領下互動多媒體部在公司不斷成長，也使自己成為該部門全球副總裁。之後隨著軟體、網際網路行業的迅速發展，李開復又抓準時機投身網際網路。他每走一步都是跟隨時代的發展而做出明確的規劃。

　　李開復今天的成就源於遵從自己的興趣和清晰的規劃。

　　沒有人準確預知自己的未來，但我們可以跟隨時代規劃自己的未來。明確的職業規劃需要以下要素：

● 要素一，清晰的自我認知

　　「你要認識你自己。」這是一句刻在古希臘帕那索斯山的一塊石碑上的箴言。盧梭（Jean-Jacques Rousseau）稱這一碑銘「比倫理學家們的一切鉅作都更為重要、深奧」。每個人對自己的認識隨著時間不斷發生變化。經歷得越來越多，思想不斷成熟，一個人的自我認識會變得更加深刻、全面。認識自己，不僅是要了解自己的能力水準、性格氣質，同時也要努力提高自我修養。能準確、恰如其分地評估自己的各方面，做到既不掩飾，也不驕矜。自我認知，就是為我們提供前進的方向。引申到職業規劃中，簡單地可以用「你想從事什麼行業」來概括。

● 要素二，清晰的行為目標

　　你希望在自己所選擇的行業裡，達成什麼樣的職業目標？是職業經理人、首席技術專家，還是首席顧問？這個目標，在你還沒工作的時候可能並不清楚，當你入行以後，透過對行業、職位、工作內容的了解後，才能做出比較清晰的判斷。

● 要素三，明確實現目標所需的投入

　　你願意為實現這個目標投入多少？這種投入包含時間、精力、物力、資源，而且還需要你克服自己性格缺陷、提升自己能力，最終實現蛻變。李開復在參與專案和推動互動多媒體

時，投入了大量的時間和精力，需要大量的再學習和提升，不斷加深對網際網路的理解。也需要冷靜面對嚴峻的職場競爭。

● 要素四，清晰目標實現的路徑

要達成目標你知道該怎麼走嗎？路徑是能否達成目標的關鍵部分。自我約束能力和良好的執行力也必不可少地按照自己的規劃一點點完成。每個人的職業路徑不同，沒有固定的模式和版本，不同企業、不同行業、不同社會發展階段，職業發展路徑都有不同。但基本路徑必須清晰，包括對行業和職位的深刻理解、相關知識結構的補充、相關資源的累積、積極應對的心態、獨立完整的思維能力等。

● 要素五，及時調整目標

及時調整目標使自己更加適應現實。我們設定的 5 年職業規劃是一種基於所有變化因素的假設，這種假設具有時間和空間上的局限性，所以需要隨著時間推移、行業發展以及社會變遷來進行微調。

以上五點，能幫助你做好個人的職業發展規劃。別人的成功不可複製，但跟隨時代的發展，及時制定好自己的職業規劃就能實現職業發展目標。與其說李開復規劃了自己的成功，不如說時代的發展注定了他的成功。如果他的規劃遠離了時代特點，或是他選擇的行業沒有發展潛力，都不會有現在的李開復。

根據自己的性格和天賦選擇職業

　　你對自己的性格和天賦了解多少？也許只是冰山一角。近年來，一些外商在評估人才時，使用多種測試方法來判斷應徵者和企業、職位的匹配度，其結果非常具有參考價值。測試基於應徵者的過去經歷、知識結構、思維方式、行為方式等來預測接下來的行為特點、職業素養、性格和一般性的職業行為，卻無法預測應徵者的貢獻能力。

　　心理學專家認為，選擇和自己性格相匹配的職業，能讓自己的行為方式和職業發展更加吻合，更好地發揮自己的聰明才智和專長，從而在本職工作中得心應手、遊刃有餘。如理智型性格的人一般都喜歡周密的思考，善於權衡利弊得失，所以適合做管理性、研究性和教育性的工作；情緒型性格的人一般情感比較豐富、反應比較強烈，行為方式帶有濃厚的感情色彩，所以更適合從事藝術性的工作；意志型性格的人一般行為目標明確，行為方式堅決果斷，積極主動，所以更適合從事經營性或決策性的工作。

　　試想一下，一個性格暴躁的人做不了公關或服務性的工作；做事大大咧咧、馬馬虎虎的人當不了醫生或律師；一個性格怯懦的人也做不了警察。每一個人都有自己的長處和短處，都有自己性格上的優勢和缺陷。有句話說：「尺有所短，寸有所長，

物有所不足，智有所不明，功有所不全，力有所不任，才有所不足。」一個人只有揚長避短，發揮長板理論，才能發揮出他的最大優勢，獲得事業上的成功。人才也不可能都是全才，也並非事事都擅長，人才只是在某一個方面或某幾個方面能力比較突出。就算是一個高智商的天才也不會在任何領域都能功績卓著。大量研究顯示，錐形人才的發展更為廣闊。所謂錐形人才，就是指那些具有較廣知識基礎，而在某一領域又出類拔萃的人才。現在的很多企業家、高階主管都屬於這一類型，他們熟悉各個工作層面，又在自己的業務領域中相當突出。

　　當你根據自己的個性與天賦去選擇職業的時候，不要忘了這些天賦都只是冰山一角，你的能力還有巨大可開發的空間，要擅長挖掘自己的潛能。

　　在職場中，我們要不斷探索和選擇那些更適合自己個性和天賦的職業。李盼畢業於一所大專院校，行政管理相關科系。她畢業後在一家報社從事新聞採編工作，收入穩定，別人都很羨慕她。工作中，她接觸了很多不同類型的人，逐漸地發現自己適合與人打交道、擅於交際，言語富有感染力。不久，她轉行從事業務工作，取得了很好的成績，2 年後擁有自己的建材貿易公司，代理了很多知名品牌。現在她自己和朋友都說，做適合自己的工作比做一份安穩的工作，更能實現自己的價值。

　　企業都會透過你的性格特點，來判斷你是否適合現在的工

作職位。在接下來幾年的時間裡，能力的提升、潛力的發揮，決定了你之後的工作或事業狀況。狹隘地對自己的工作進行定性而不懂得與時俱進，你會逐漸被社會淘汰，因為不同社會發展階段所需要的人才特徵也在不斷變化。過去，社會上對好工作的概念是穩定，如今人們對職業追求的心態開始改變，更多人想創造一份屬於自己的事業，所以出現很多行業英雄、商業領袖。職業本身沒有好壞，是否能夠選擇一份適合自己個性和天賦的工作，決定了你在職業生涯中的好壞。

　　如果你對自己的認識不能隨社會發展而深入，你就會被貼上「頑固」的標籤。一個人當下表現出來的個性和天賦，無法決定你一輩子都要從事同一項事業，像莫札特（Mozart）、貝多芬（Beethoven）、達文西（Leonardo da Vinci）這樣的天才畢竟是少數，我們需要參考大多數普通人職業發展的共性，這才有現實作用。人的個性和天賦會隨著你對自己了解的加深、知識的拓展、經歷的增長而發生改變，只能作為我們判斷目前職業是否合適的依據，卻不能用它來限制未來的發展。

第 *4* 章
在尋找與等待中抓住機遇

機遇永遠留給等待它的人

我們羨慕那些一帆風順的人，他們總能抓住機會，而自己身邊的機會卻常常溜走。幾年後，我們會懊悔不已：如果當時能抓住某個機會，現在肯定像某某一樣成功，甚至比他更好。我們就這樣懊悔著，卻沒有看見眼前的機會，結果只能為再次錯過而遺憾，該抓住的機會抓不住，更談不上自己創造機會了。

機會總是屬於那些有準備等待它的人。

俗話說：「臺上一分鐘，臺下十年功。」我們經常羨慕別人的機遇，羨慕命運青睞於別人，羨慕別人的成功，但卻沒看到別人背後所付出的辛苦和努力。

我們想要抓住機遇，獲得成功，就得從現在開始為成功做好準備，這樣當機遇來敲門的時候，我們才能從容地應對，跟著它的節拍，走上成功之路，避免因準備得不充分，只能眼睜睜地看著機會和自己擦肩而過，卻無能為力。

所以，我們只能把握現在，做好準備，耐心地等待著機會的到來。當更多機會來臨時，我們不要想將每個機會都抓住，需要有選擇地抓住一個最重要的機會，走向成功。

項軍和王波同是一家世界前 500 大製造公司的員工，項軍比王波早進公司 1 年，在工作上按部就班，老闆安排什麼就做

什麼，沒安排的時候就在辦公室裡閒著，每天過得很自在；王波每天在辦公室裡話語不多，除了完成主管安排的工作之外，只要有時間就到生產工廠了解和學習相關的技術、流程。同事項軍常常取笑王波：沒事給自己找事，傻子一個。有一天公司開始推動「流程再造」計劃，鼓勵員工提出創新方案提升生產效率，這時候王波意識到這是個很好的機會，他根據長時間對整個技術流程的了解，提出了自己的改進方案，並得到了公司認可。在次年調薪升遷時，王波成為公司唯一升遷並特別栽培的新人。幾年後，王波已經升為經理，項軍卻在抱怨自己沒有機會。

　　為什麼說機會需要等待？如果你是餐廳老闆，你不知道今天會不會有人來吃飯，但是你必須準備好人員、餐桌、各式的飯菜，開著門等著顧客上門。上門的顧客就是機會。雖然你不知道客人什麼時候來，會來多少，但還是要做好準備等待著。

　　一天，小董和幾個朋友聚餐，朋友們都在飯桌上大發牢騷，抱怨生活不如意，抱怨自己遇到的機遇太差，抱怨機會太少。這時候，其中一位朋友講了自己的經歷：他畢業後，很順利地找到了一份工作，可沒過多久，他就對這份工作產生了倦怠的情緒，每天工作都不開心。為了緩解自己的情緒，他經常帶著魚竿到湖邊釣魚。可連續幾天，他都沒有釣到魚，出門時帶的魚簍也越換越小，到最後索性只帶著一支釣竿和魚餌就出

門了。有一天，同事老張約他一塊出去釣魚，拿著一個大魚簍的老張看見他連個魚簍都沒帶，打算借他一個，他搖了搖手說：「不用啦，我每回出來都釣不到幾條魚，用手拿就夠了。」但他沒想到的是，這天他們遇上了魚群，大魚小魚一條接一條地被釣上來，他的魚餌很快就用光了，而老張準備了很多魚餌。最後，老張的兩個魚簍都裝得滿滿的，他自己卻因為沒帶魚簍，只能用柳條穿住幾條魚，看著還在地上活蹦亂跳的魚，他又帶不走只好送給老張，並且懊惱不已。

小董這位朋友的經歷正好驗證了「機會永遠只留給有準備的人」這句話。不論是工作還是生活中，不要總是埋怨別人不給自己機會，你得看一看自己是不是準備了足夠大的魚簍，也許不是池塘裡的魚太少或者太小，所以你才釣不到魚，而是因為你沒有準備，或是準備的魚簍不夠大，魚才會全溜走的。釣魚之前，你要先檢查一下自己的釣魚工具準備好了嗎？工具不怕準備得多，就怕魚群來的時候，你卻缺了一個魚簍。

有位哲人曾經說過：「有事情發生，便有機會存在。」每一件事情的發生都潛藏著你看不見的機會，糊塗人一心想在大事上孤注一擲，而聰明人卻懂得不能輕易放過每件小事。如果要想比別人更優秀，能抓住更多的機遇，就要在每一件小事上都下足功夫。

有這樣一個勵志故事，充分證明了機會是留給有準備的

人。加藤信三以前只是獅王公司的一名普通員工。有一次他因為趕著上班，刷牙的時候匆匆忙忙，不小心把牙齦刷出血了。他為此特別懊惱，在上班的路上還很氣憤。快到公司的時候，他突然想到：「這種事情是不是在別人身上也發生過？這是不是由於牙刷本身引起的？」想到這裡，他對自己說：「如果能出一款不傷及牙齦的牙刷，這裡面一定存在著很大的商機。」他到公司後向幾個同事說出了自己的想法，大家也有同感。所以，他們就一起研究刷牙為什麼容易傷及牙齦。他們想了各種解決刷牙引起牙齦出血的辦法，如刷牙前先用熱水把牙刷泡軟；把牙刷毛改成柔軟的狸毛；多擠一些牙膏；刷牙速度慢一些等，但效果都不太理想。後來他們在放大鏡底下進一步仔細檢查牙刷毛，發現刷毛的頭是四方的，加藤信三想：「把刷毛的頭改成圓的不就可以了嘛！」所以，他們著手進行改進牙刷的實驗，成功以後，加藤信三正式向公司提出了改變牙刷毛形狀的建議。公司高層聽了他們的想法之後，也覺得這是一個非常好的建議，就決定把牙刷毛的頂端全部改成了圓形。改進後的獅王牌牙刷銷售額直線上升，占了全國牙刷市場的 40% 左右，加藤信三也因此從普通職員晉升為科長，十幾年後，他成為公司董事長。在大多數人看來，牙刷不好用是一件司空見慣的小事，很少有人去考慮該怎麼解決這個問題，機會也就從身邊溜走了。但是加藤信三卻從生活發生的一件小事中抓住了機遇，從而使自己

和公司都獲得了成功。

　　機會對每個人都是公平的，有時它就在我們身邊，有些人卻視而不見，當它溜走時，他們又是懊悔又是抱怨。在激烈的職場競爭中，善於抓住機會的人才能獲得成功。所以，做好當下，努力籌備，剩下的就是耐心地等待著機會的來臨，一旦機會出現就及時抓住它。

機遇≠冒險，而是規劃

　　有一個年輕人在創業時遭受了幾次挫折，很受打擊，有一天他很茫然地依靠在一大塊石頭上，懶洋洋地曬太陽。

　　這時候，遠處走過來一個怪物。

　　怪物問：「年輕人！你在做什麼？」

　　年輕人回答說：「我在這裡等待機遇。」

　　怪物聽後哈哈大笑，又問他：「等待機遇？哈哈……你知道機遇是什麼樣的嗎？」

　　年輕人回答說：「不知道。不過，聽說機遇是個很神奇的東西，只要它來到你身邊，那麼，你就會走運。有的當上了官，有的發了財，有的娶了老婆，或者……反正機運棒極了。」

　　「唉……你連機遇是什麼樣都不知道，還怎麼等機遇？還是

跟我走吧，讓我帶著你去做幾件對你有好處的事！」怪物說著就要來拉年輕人。

年輕人不耐煩地說：「走開，少來這一套！我才不會跟你走呢！」

怪物嘆息著走了。

過了一會兒，一位看上去年齡很大的白鬍子老人來到年輕人面前問：「你抓住它了嗎？」

年輕人問：「抓住什麼啊？」

老人很惋惜地回答說：「它就是機遇啊！」

「天啊！我把它放走了！」年輕人很懊悔，急忙站起來大聲喊叫，希望它能回來。

老人接著又說：「別喊了，我來告訴你關於機遇的祕密吧。」

「它是一個難以捉摸的傢伙。你專心等它的時候，它可能遲遲不來，你不經意的時候，它可能就來到你的面前，你見不著它時就時時想著它，見到它時可能又根本認不出它，當它從你面前走過的時候，你抓不住它，它就再也不會回頭了，這時候你就永遠錯過了機遇！」

老人的話告訴我們，在機遇到來之前，你就必須做好準備，不要吝嗇自己的付出，可能就會有意想不到的收穫。有些人在現實生活中總是坐著等機遇、期待機遇，一不小心就成了

那個「守株待兔」的人，他們並沒有想過這樣做是否會等到機遇。如果我們只是靜靜地等待，機遇就像遠在天邊的星星，雖然星斗滿天，但是可望而不可及。就算機遇真的來到身邊，我們也根本認不出機遇的真面目，更不用說去捕捉和利用了。

機遇不等於冒險，而是規劃。我們處在一個變化的時代中，為了抓住機會，需要我們因時而動，因勢而變，順勢而為。一個不懂得及時自我調整的人，是沒有辦法及時抓住機會的。強求一些超出自己能力的機會，最後將機遇變成冒險。

姜子牙在溪邊垂釣了幾十年才迎來周文王，後來他輔佐周武王攻下殷商的都城鎬京，滅了商紂王，建立了周氏王朝。故事很簡單，卻很難體會姜子牙心繫天下的高遠志向。姜子牙生於西元前 1156 年，當時家境敗落，年輕的姜子牙去崑崙山求仙，後修仙不成，下山在俗世中以算卦為生。姜子牙雖資質一般，但志氣不短，無論修仙不成，還是俗世算卦，他始終勤奮刻苦地學習天文地理、軍事謀略，研究治國安邦之道，希望能有一天施展才華。雖然他滿腹經綸、才華出眾，但在商朝卻懷才不遇。已年過 60 歲的姜子牙，滿頭白髮、閱歷豐富、智慧過人，仍在尋找施展才能與抱負的機會。年輕時的不順，磨練了他的意志，使他沒有放棄對理想的不懈追求。無人能知何時成功，但最後的成功卻是在規劃之中。

我們未必都要成為姜子牙這樣的人，但對於剛剛畢業的大

學生來說，只有透過不斷地自我規劃，不斷地儲備能力，才會
實現自己的夢想。三顧茅廬的成功也是劉備與諸葛亮兩個人的
規劃正好在適合的時機相遇的結果。在隆中等待多年的諸葛孔
明，早已做好充分準備，規劃好自己的方向。這些將遇良才的
故事並非偶然發生，沒有規劃的機遇可能就是一種冒險。提前
做好規劃，再加上自己的行動，才能在機遇到來的時候抓住它
從而獲得成功。

　　世上的事向來如此，沒有耕耘就沒有收穫。有些人錯誤地
認為是偶然的機遇造就了科學家的偉大發明，法國著名微生物
學家巴斯德（Louis Pasteur）就曾經說過：「在觀察的領域裡，機
遇只偏愛那種有準備的頭腦。」試想，如果費萊明（Sir Alexander
Fleming）沒有對細菌學進行深入的研究，沒有對葡萄球菌研究
好幾年，而是粗心大意，隨手倒掉發了黴的培養液，那他還能
成為青黴素的發現者嗎？如果愛迪生（Thomas Alva Edison）不
是透過無數次試驗，證明上千種材料都不能作為燈絲，並一直
傾注心血專心進行這項研究，又怎麼會發現鎢才是做燈絲的最
佳材料呢？

　　你有沒有在機遇到來之前進行過規劃，決定著你是否能夠
抓住機遇並取得成功。

　　沒有做到這一點，無論多麼好的機遇來到你的面前，你都
會因為沒有任何準備而沒辦法把握住它。就像你到森林裡去狩

獵,等了很久,獵物突然出現了,此時你卻槍法不準,只好眼睜睜地看著好不容易盼來的獵物從眼前消失。

「凡事豫則立,不豫則廢。」對於大學生來說,對自己將要走的路必需詳細地規劃,按階段,劃分不同的步驟,並且認真計劃每一步應該怎麼走,大概會用多少時間,可以實現什麼目標,都盡量清晰明確地規劃出來。有一位哲人說過:「成功的人生需要正確的規劃,今天你站在哪裡並不重要,重要的是你下一步邁向哪裡。」

對於畢業後該走哪一條路,大學生們不能盲目地進行選擇,更不能沒有目標地換來換去,那樣做只是在浪費自己的青春。在做選擇前,我們應該全面思考,預期一下自己的未來,做一個充分的規劃。要知道,成功往往不是站在自信的一方,而是站在有計畫的一方。

急功近利,注定要錯失機遇

機遇源於信任。急功近利,注定會錯失機遇。

無論打工還是創業,實質上都是合作,只不過方式不同,合作的基礎就是信任。得不到別人的信任,你會失去工作的機會、合作創業的機會、發展的機會。

　　有家培訓學校，招到一位各方面能力都很不錯的老師，由於教學能力突出，他很快晉升為教學主管。隨著學校的不斷發展，該學校的董事長本打算將他提升為副校長。可是，這位老師憑藉自己的教學能力好，在校外私開了一個補習班，價格比學校便宜。這件事很快被學校知道了，校方高層對這位老師此舉很失望，對他也失去了信任。學校壯大後，好幾位教學能力不如他的老師被提拔做了副校長，可是這位老師始終未得到學校的重用。人們之間的信任一旦有了傷痕，需要付出更多才有可能重新挽回，即便能夠挽回，也會存有芥蒂。

　　現代快節奏的生活，好像使人和人之間的關係疏遠了，即使再疏遠，也沒有人能夠完全獨立生活。信任是這個你中有我，我中有你的世界裡不可缺少的。

　　有這樣一個故事，一群小朋友很喜歡到公園的一塊草地上玩，他們每天都會去。於是有位學者做了一個測試，他每次給到這裡來玩的小朋友發 5 塊錢，並對小朋友們說：「來這裡玩就給你們錢，這是個額外的驚喜。」一段時間後，來的小朋友不斷多了起來，他就給每個小朋友發 10 塊錢，慢慢地發 15 塊、20 塊、25 塊，小朋友逐漸感受得到錢的快樂。有一天小朋友們又來到這裡玩，可是這位學者不再給他們錢了，有的小朋友開始生氣了，還有些小朋友開始指責他，為什麼原來都有現在卻沒有了，大家熙熙攘攘、七嘴八舌、一哄而散。從此以後，這片

草地上很少再有小朋友來了。金錢使孩子忘掉了自己來這裡的初衷。

當工作一段時間後，有很多人忘了他最初的工作理想，只想賺更多的錢。這些人慢慢失去了工作中的快樂，失去了更多成長的機會，最終也會失去金錢。

美國曾經有一位年輕人，窮得甚至買不起一件像樣的衣服，但在他心中，始終懷抱著一個堅定的夢想：拍電影、做演員、當明星。

那時候的好萊塢有近 500 家電影公司。這位年輕人帶著自己為每一家公司量身定做的劇本，一一前去拜訪。但拜訪了一遍之後，卻被拒絕 500 次。

雖然拒絕率達到百分之百，但是這位意志堅定的年輕人一點也沒有灰心。他稍微調整了一下，然後繼續從最後一家拒絕他的電影公司走到第一家，開始了他第二輪的拜訪和自我推薦。

可是很不幸，他在第二輪依然遭到了 500 次拒絕。接下來他又進行了第三輪，結果仍然和以前一樣。

很多人都勸他乾脆放棄吧，別再浪費時間了。但是這位年輕人還是咬牙堅持，開始了他的第四次行動。終於，在拜訪完第 349 家後的第 350 家電影公司，破天荒地讓他先把劇本留下，老闆表示會先看一看他的劇本。

幾天之後，這家電影公司的老闆約他進行詳細商談。這部電影因此終於有了投資方，這位年輕人也被邀請擔任男主角。

他的名字叫席維斯‧史特龍（Sylvester Stallone），這部叫《洛基》（*Loki*）的電影與這個日後紅遍全球的巨星也都在電影史上榜上有名。從此，他成為片酬極高的世界巨星。試想，當初史特龍只是為了賺錢，而不是為了成為一位優秀的演員，他不會如此執著，最後，可能也沒有人會用他的劇本。

急功近利的人，往往只關注眼前，忽視長遠利益，耍小精明，甚至不擇手段，終究會被人識破，人們就會遠離你。

急功近利的人，看待工作往往是「一葉障目，不見泰山」，甚至為了眼前的一些蠅頭小利，背信棄義，得到一時的好處，卻失去願意幫助他的朋友。

珍惜信任，勿以利字當頭，不然會失去朋友、客戶、機會、成長的平臺。在《易經》裡有一卦叫漸卦，就是警示我們凡事都要循序漸進地去進行，如果跨越了事物的成長階段，結局不會如你所願。事實也證實，想要獲得成功，就必須從最基本的工作做起，一步一個腳印，為自己的成長打下堅實的基礎，才會獲得快速的成長，這就像建造屋子一樣，只有把基礎打扎實了，才會把大樓蓋得既堅固又高聳。

不放過任何一個可能成功的機會

有一位對服裝衣料設計非常感興趣的女孩，剛畢業的時候就立志要在這一行做出點成績。只是初涉職場，就算她是美術系出身，想要做出成績也不是件容易的事。因為在這個行業裡，從服裝製造工廠到使用布料的服裝設計師，一般都有固定的供應商，他們已經習慣了和這些供應商打交道，所以對一個完全陌生，而且只是初出茅廬的衣料設計者，根本就絲毫不感興趣。

不過，這位女孩從來都沒有放棄，只要有一線希望，她都會盡自己的全力去爭取。她毛遂自薦，拿著自己費盡心思設計的作品去一家著名的服裝設計公司面試。助理設計師對於絲毫沒有一點名氣的女孩既無奈又充滿同情。最後，在女孩的再三請求下，把她的作品拿給了公司的首席設計師。可是首席設計師說：「我們的設計圖太多了。」設計師根本沒有時間去看。

遭到拒絕後，女孩又跑到一家服裝製造廠，結果同樣遭到拒絕。她四處碰壁，心情也因此變得十分沮喪，短暫的恢復後，女孩想，只要用對了方法，不斷地進行嘗試，一定能夠打破眼前的僵局。

女孩的一位同學是著名的明星。在一次簽名會上，女孩擠在一堆歌迷裡面，以一副十分崇拜的樣子看著她的明星同學。

等到她有機會近距離地和這位明星接觸的時候，她迅速地把自己事先準備好的一些布料和設計圖拿出來，對這位明星同學說：「我好崇拜你喔！老同學，真想為你設計漂亮的服裝，請你在這幾塊布上為我簽名。」

那位明星一看是自己的老同學，而且她手裡拿的那些布料和設計圖也挺漂亮的，就對她說：「好呀！你和我的服裝設計師連繫一下，這是她的電話，就說是我讓你去找她的。」

第二天，女孩早早就來到那家公司，沒想到正是先前潑了她一盆冷水的著名設計師所在的公司。她拿出有她同學簽名的布料，對那位助理設計師說：「是她叫我來找你們的，她說要用這些布料做衣服。」

果然，那位助理進了辦公室幾分鐘後，設計師就滿面笑容地走出來和她見面。女孩從此正式進入到服裝設計行業，並受到越來越多客戶的歡迎。

用 100% 的努力去爭取 1% 的成功機會。做一個有準備的成功爭取者，努力去爭取成功的可能。

有一位優秀的大學學生會主席，在校期間表現非常好，多次成功舉辦過很多大型活動。可他由於自己的科系是冷門的，很難在市場上找到相關的工作，參加了無數次面試。最後，一家小企業錄用了他，可工作一段時間，他覺得這家公司幾乎沒有什麼發

展空間，只好離開了。此時，正好有一家國際知名企業舉行徵才說明會，他前去參加，可是由於科系不相關，公司沒有錄用他。於是，他來到這家公司的辦公地點，想來一次毛遂自薦。他溜進筆試現場，懇請參加筆試，在筆試結束後，考官以非相關科系為由，拒絕接受他的試卷，他獨自留到最後，與考官溝通爭取面試機會。最後考官勉強收下，並告訴他面試不一定能過。回去後，他開始做各方面準備，爭取面試時能夠表現最好。結果，經過幾輪面試後，他最終如願以償地進入這家公司。

在多變的職場中，再優秀的人也有遇到困難的時候。此時，更要及時調整自己，不能輕易放棄任何一個可以幫助你走出困境的機會。人生中有很多機會，只要我們能抓住一兩個就足以改變我們的命運，走出低谷，登上高峰。

捕捉機遇需要深邃的洞察力

很多想成功的人都不乏聰明才智，但最終未能得償所願，其中很重要的原因就是沒有把握和利用好機遇。機遇對任何人都是平等、公正的，就看誰抓得準、用得好。機遇是人生最緊俏的「商品」，它需要我們用積極的行動去搶購。機遇不是等來的，而是尋找出來的，甚至是創造出來的。真正的成功者勇於尋找和挑戰機遇，給自己一個迎接挑戰的機會。

　　「我沒有機會！」通常是失敗者的藉口，他們將失敗的理由歸結為沒有機遇的垂青。其實我們身邊並不缺乏機會，而是缺乏發現機會的眼睛。在職場中，每個人都會獲得相對公平的機會，我們沒有發現是因為缺乏洞察力。

　　美國鋼鐵大王安德魯・卡內基（Andrew Carnegie）是主動出擊、超前預測、抓住機遇的高手。1865 年，美國南北戰爭宣告結束，北方工業資產階級戰勝了南方莊園主。當時，全美沉浸在慶賀統一的狂喜之中，卡內基卻清醒地預料到，戰爭結束後經濟復甦在即，經濟發展必然導致鋼鐵需求量劇增。他義無反顧地辭去了鐵路部門報酬優厚的工作，創立了聯合鋼鐵公司，後又演變為鋼鐵企業集團。卡內基抓住了經濟復甦的機遇，並獲得了巨大的成功。

　　初入職場的新人會經歷很多考驗。在這些看似嚴峻的考驗中，就隱藏著你的機遇。機遇到來時總會偽裝，你無法用眼睛辨認，因為機遇代表的不是現在，而是未來。

　　投資大師巴菲特（Warren Buffett）說：「別人貪婪時我恐懼，別人恐懼時我貪婪。」逆向思維對投資有用，對職業發展同樣適用。成功的人往往是那些少數能發現機遇並抓住機遇的人，這就是他們與普通人不同的地方，這是一種基於職場規則的個體與群體的差異。職業發展的規則便是透過勞動創造價值。你去創造了，就有了脫穎而出的機會。企業沒有義務去培養一個現

在、將來都無法創造價值的人。

10 年前，章辰畢業於資源工程相關科系，當時正巧遇到石油公司招聘新人，章辰應徵成功，被安排到海上鑽井平臺工作。章辰對這份工作相當滿意，他認為自己是本科系的畢業生，在海上鑽井平臺上工作應該很有競爭力，職業發展也有優勢。

可是讓章辰沒有想到的是，在平臺上所用的都是美國裝置。工作第一天，美國工程師提出的工作要求他竟然聽不懂，外國客戶問他的一些專業性的問題他也聽不懂。章辰沒有想到剛入職場就面臨著這麼多考驗，他冷汗頓時流下來了。

好在當時他的同事替他解了圍。

經過此事，章辰內心很受打擊。他以為自己的英語能力還不錯，而且還考過了英文語言認證考試，可是在工作中卻無法實際應用。他開始重新思考自己在學歷上是否占有絕對優勢。原來，知識的應用與實踐，在職場中比厚厚的證書更重要，章辰下定決心，彌補自己在工作中的欠缺，他認真地向同事請教，還買了很多相關的書籍認真學習。

半年以後，章辰熟練掌握了工作中需要的專業英語和專業知識。此時，章辰發現做業務的人，在石油行業裡雖然辛苦，但是未來職業發展有大好前景，所以，一有機會他就主動陪業務經理不辭辛勞地拜訪每位客戶。由於他積極進取、踏實努

力，得到了公司高層和同事的一致認可，很快被提升為客戶經理。5 年後，原本的客戶總監離職，他順利地接任此職位。章辰的成長之路告訴我們，當你在工作中遇見困難的時候，不要退縮，及時地調整好自己，在困難中發現機遇。

弱勢也是優勢。

王芳芳是一個內斂、不善言談的女孩。畢業後，到了一家小公司做行政職員，初入職場的她有些膽怯，加上比較內向的性格，公司老員工都不太喜歡和她說話。王芳芳被安排做一些影印檔案、收發傳真等瑣事，甚至有時還得打掃一下辦公室的環境。儘管周圍有朋友勸她辭了這份像保母一樣的工作，但是芳芳覺得自己是個新人，什麼都得一步步來。所以，她仍然努力地做好自己力所能及的事。經過一段時間，芳芳願意付出、認真工作的態度得到周圍同事的認可，連老闆也知道了公司有位不愛說話，但是做事認真的年輕女孩，特意交代芳芳的主管，安排給她多做一些行政規劃和工作流程上的事。有一次，公司的重要客戶要來參觀，相關的接待工作和行政事務很多，而且很繁雜，公司委派芳芳協助客戶經理承擔為期一週的接待任務，大家也一致認為芳芳能擔此重任。芳芳不負眾望，這次接待工作做得非常到位、井井有條，公司順利地簽下了合約，並且客戶對接待工作讚賞有加。不久後，芳芳升任為行政主管。

有些人表面上的弱勢方面，卻是差異服務優勢。職場中最

明顯的價值展現方式就是補位創造價值。在公司的日常事務中，總會存在價值盲區。我們要找到盲區，及時補位，抓住機會的同時培養你的職業能力。

　　總是藉口說公司沒有給自己機會的人，都是對公司的事務熟視無睹的人。難道你的公司已經完美到找不出價值盲區的地方了，職員們都把分內分外的事情都處理完了？只有無怨的付出，真誠的幫助，期待著公司的成長，你才會發現為公司創造價值的機會和自己職業發展的機會。我們必須相信，自己所在的公司都是有發展的企業，作為員工，我們的責任就是去為企業的發展付出自己的努力，最後你所得到的回報會遠大於你的付出。機遇對任何人都是公平的，關鍵要看我們是不是一個有心的人。那些成功的人不但是捕捉機遇、創造機遇的高手，而且能夠在風險中獵獲機遇。

「差不多」害死人

　　小王跳槽到這家藥店的時候，已有 1 年的門市從業經驗了，所以工作起來很是得心應手，主管也對其讚賞有加。可沒過多久，小王就開始有點飄飄然了，對工作也沒有從前認真了。上班時常常神遊，對顧客的服務也變得隨隨便便，常常忽略工作中的小事……總之他對工作的態度就是「差不多」就行，不爭最

好，但也不當最壞。因此，他的銷售業績平平，每月績效考核總是排在中等位置。

在一次新人培訓課上，店長講的一個小故事啟發了他：「海爾總裁在比較兩個人誰更具有認真精神時曾說過『如果讓 A 每天擦桌子 6 次，他會不折不扣地執行，每天都會堅持擦 6 次；可是如果讓 B 去做，那麼他在第一天可能會擦 6 遍，第二天也還可能擦 6 遍，但到了第三天，可能就會擦 5 次、4 次、3 次，到後來就不了了之。把每一件簡單的事做好就是不簡單；把每一件平凡的事做好就是不平凡。』」

原來，他一直堅持「差不多」思想，讓他忽視了工作中的細節，不能做到盡善盡美。受到啟發後，小王馬上端正態度，決心要在以後的工作中做到大事有原則，小事不馬虎。從那時起，他對顧客的服務也從細節入手，一個微笑、一聲問候、一杯茶水，贏來了好口碑。幾個月後，業績有了明顯的提升。

對於初入職場的人來說，「差不多」會讓你給別人留下非常不好的印象。毛亮畢業後進入一家百貨公司，一天，他協助公司同事盤點商品，需要將貨架上不要的商品按類別放入指定的倉庫庫位中。毛亮覺得這是一項很簡單的工作，只需按照規定擺放商品就行了。可開始工作了，他才發現，需要整理的商品太多了，加上自己的速度不夠快，眼看要下班了，可分給他的工作還有一半沒做完。此時，他想都是一些下架的商品，不用整理得那麼仔

細。所以，他一股腦地把換下來的商品都放進了倉庫，也沒進行分類，草草交差走人了。第二天上班，主管狠狠地罵了他。可他還不以為然，心想：「外面貨架上都整理好不就行了，放在倉庫裡的商品還幹麼分得那麼清楚，這不是浪費時間嘛。」他帶著不爽的情緒，又去整理倉庫了，這次他依然敷衍了事。隔天上班，主管把他帶到倉庫的時候，他才發現自己闖了大禍，原來昨天擺的貨都倒了下來，還砸傷了同事，毛亮也因此被公司開除了。

　　工作中，很多人常常犯這樣的錯誤，在沒搞清楚一份工作具體應該怎麼做，甚至都沒搞清楚工作要求時，就按照自己的理解來執行工作。結果，重複了很多次，事情卻始終沒有做好。差之毫釐，謬以千里。認真做好主管交辦的工作，不能只想要應付了事。在案例中，毛亮的工作沒有做到位，主管又安排他重做，毛亮本有機會把這項工作沒做好的地方彌補上，可他仍然覺得差不多就行了，非但沒有抓住改正的機會，反而造成了更壞的影響。工作時間只是衡量工作量的一般性尺度，最後衡量工作量、工作品質的不是工作時間，而是工作效果。在各個職位上都存在「差不多」先生。這些人在工作時，不能嚴格要求自己，認真執行各項工作流程、工作標準，總是認為「差不多就行了」，從而簡化工作方式。他們犯的一些小毛病、小錯誤，往往會造成更嚴重的事故。

　　「差不多就行」的思想反映出一個人的工作責任心和事業心

不強，對工作的態度不夠認真，他們對一些小錯誤不以為然，存在僥倖心理，總以為「都是一些小失誤，不會造成什麼大損失」。一次次的僥倖心理，使簡化工作演變成了「慣性」違章，埋下了大事故的種子。

美國前總統麥金利（William McKinley）在一所學校演講時，對學生說：「比其他事件更重要的，是你們需要把一件事情做得盡可能完美。」

每個人都擁有強大的潛能，凡事「差不多就行」，等於放棄去挖掘自己的潛能。換句話說，只有以「完美主義」的態度對待工作，才能把自己潛在的能量最大化地發揮出來。

在職場上，有些人能力出眾，卻因為缺少盡責的工作精神，導致工作經常出現疏漏，結果自己變得越來越平庸。還有一些人，剛開始在工作中表現得並不出色，但他們全身心投入工作之中，想盡一切辦法把自己的工作做到完美，最後，在事業上都取得了不小的成就。

我們只有嚴格要求自己，才可以避免自己也成為工作中的「差不多先生」。

有些人認為自己的工作都是些瑣碎的小事，根本不值得全心投入，更不必花費太多精力，於是，一邊抱怨沒有機會施展才華，一邊對現在的工作敷衍了事，做到差不多、說得過去、

主管挑不出毛病來就行了。殊不知，這種「差不多」的思想導致的結果卻是「差多了」。

　　例如，會計工作，需要你正確填寫各種帳簿和票據，不允許有一點差錯，必須做到 100% 正確。那些總是把「差不多就行了」掛在嘴邊的人，覺得工作只要做到 60 分就及格了，何必做到 100 分呢？因此，工作經常出錯，不得不重新再做，既浪費了時間和精力，還造成不好的影響。所以，這種「差不多」就行了的心理，對於職場人的長期發展危害極大，只以 60 分要求自己的人，根本不可能刺激出自己的潛能，實現能力的提升。

　　那些尊重自己工作的人，從不應付任何一件事情，要求自己任何一件事都要做到充分地挖掘自己的潛能，工作效率提高了，用更少的時間高品質地完成了更多的工作，所以，他們才能創造出多於別人好幾倍的業績。

　　工作中沒有差不多，差一點成功也是沒有成功。成功與不成功之間有時就是一步之差，「差不多」的工作態度會導致你喪失工作熱情、責任心、自律性，那麼好機會也就離你越來越遠了。

　　卓越的員工都知道，工作沒有大小之分，也不存在「差一點」的概念。那些你不屑的小事情，不代表你能做得很好，專注於把小事做好，才有機會去做大事。透過小事的累積，獲得成長，才會抓住更多的機會，離成功也會越來越近。

第 5 章
羨慕與對比

「香蕉皮不會被罵進垃圾桶裡」

在某大學的階梯教室裡，將要舉行一場演講。主講人是一位在學術界很知名的教授，同學們紛紛趕到現場，希望一睹這位知名教授的風采。

開講前半小時，當同學們陸續走進階梯教室時，發現地上有一個香蕉皮，有的同學抬腿避開它，有的同學避開它的同時還不忘埋怨兩句：「誰這麼沒有公德心！水準這麼低！主辦方也不知道管一管。」大家都從那個香蕉皮上跨過去，找到座位坐下，等待著教授的光臨。

演講開始的時間到了，教授準時出現在教室裡，他也發現了地上的香蕉皮，並走到香蕉皮前仔細地觀察著。教室裡一下子靜了下來，大家都伸長脖子，想看看教授看到香蕉皮會有什麼反應。

教授看了一會後，突然指著香蕉皮大聲地說：「你待在這個地方幹麼呢？垃圾桶才是你應該待的地方！怎麼這麼沒有環保意識，沒有公德心，要是有人因為踩到你摔傷了怎麼辦，你太不像話了！」他的眼鏡在鼻梁上跳動著，讓人一下子想起總會被小事激怒的唐老鴨，一陣陣笑聲頓時從聽眾席上傳來。教授並沒有理會同學們的笑聲，繼續憤怒地對著香蕉皮發火。

這時，聽眾席上有位學生聽得有些不耐煩了，大聲地對教授說：「教授，算了吧！別浪費力氣了，你不可能把香蕉皮罵進垃圾桶的！」

教授聽了這句話，停止了對香蕉皮的責罵，轉過頭來，露出笑容，並伸出手把香蕉皮撿起來，扔進講臺旁的垃圾桶裡，用紙巾擦擦手說：「剛才那位同學說什麼？能再重複一遍嗎？」在安靜的教室裡，沒有人回答教授的話。教授接著說：「其實我聽見了，『你不可能把香蕉皮罵進垃圾桶的！』這恰好就是我今天演講的主題！」

此時，牆上的大螢幕上開始播放同學們入場時看到香蕉皮的鏡頭，大家用各種姿態跨過香蕉皮和各種版本的埋怨聲清晰地傳了出來。一開始大家哄笑著，慢慢變得鴉雀無聲。教授說：「這是我特意安排的橋段，其實你們已經明白了我想給大家講的道理，並把它喊了出來。但是，明白道理是一回事，按照這個道理去行動，卻又是另外一回事！我相信，在座的幾百名同學，沒有一個人不懂得香蕉皮是罵不進垃圾桶的，但大家缺少用舉手之勞改變現狀的行為。這就好像很多人感覺這個社會太冷漠，但卻又很少向別人露出笑臉；埋怨環境被汙染了，但自己卻又不願意撿起身邊的垃圾；抨擊關係社會，可遇到什麼事首先想到的卻是去拜託關係解決；感嘆別人道德水準下降，自己卻又不願意去做任何一件善事……幾乎所有的人都在埋怨這

個世界，但是幾乎所有人又都不願意身體力行去做事。把責任全都推到別人身上，永遠都把自己當成受害者！這些做法與心態，讓自己變得消極，看見的全都是絕望的一面。」

「實際上，社會每進步一點，都需要人們用行動去建構。一個人不亂扔垃圾，這個世界就少了一個汙染源；如果你再清理掉身邊的垃圾，世界就乾淨了一點；如果我的行為能夠感化，並帶動一個人去清理垃圾，那麼世界會再乾淨一點。地球上有80多億人，我們每個人都是地球上的 80 億分之一，看似渺小，但是只要我們對自己抱有信心，點滴力量也會改變世界。記住，垃圾不會被罵進垃圾桶，從現在開始你得行動！」

教授的演講結束了，會場裡響起如雷的掌聲。

這位教授的話告訴我們，指責和埋怨對事情的發展毫無作用。客觀存在的事實已經無法改變，只有透過行動才能改變它接下來的發展方向。躺在地上的香蕉皮，我們都可以很容易地想到如果不處理會引發的後果，使人滑倒摔跤、引來蒼蠅、汙染環境等等。這些糟糕的可能後果，如果沒有得到行動的阻止，就會變成現實。

我們不要做「口頭上的巨人，行動上的侏儒」，當看到別人成功的時候，總是後悔不已，「我原來也想到了，只可惜我沒有那麼去做。」在工作中喜歡言談浮誇、賣弄自己，但到做事的時

候，就黔驢技窮、原形畢露了。

　　在職場中，只要你細心觀察就會發現有很多的「香蕉皮」。我們常常會不屑於這樣的小事，卻不了解就是這些小事累積了成功。沒有行動，就不會有成功。首先，香蕉皮是個擺在你面前的機會。其次，當你產生了扔香蕉皮的想法時，你就找到了價值貢獻盲區，你的行為很容易被別人感知到。第三，當你把香蕉皮扔進了垃圾桶裡，解決了這個問題，你就獲得了群體的認同，成功的機會才屬於你。

　　奇怪的是，有些人希望自己能比其他人優秀，可是在行動上卻喜歡跟別人走，「別人都不撿香蕉皮，我也不去撿」這種思想引領著他們的行動。假如，你沒有比別人多做任何事，那為什麼你可以得到更多機會呢？

與其羨慕他人，不如完善自己

　　有這樣一則寓言：豬說如果再讓我活一次的話，我想做一頭牛，雖然工作累點，但是名聲比較好，還會讓人愛憐；牛說如果再讓我活一次，我一定要做一頭豬，吃完就睡，睡完就吃，不用天天出力，也不用流那麼多汗，活得比神仙還舒服；鷹說如果讓我再活一次，我就要做一隻雞，渴了有人給我水，

餓了有人給我米，有房子住，還有人保護我；雞說如果讓我再活一次，我想做一隻鷹，可以在天空中翱翔，還可以雲遊四海，任意捕兔殺雞。

大家常都說「風景在別處」。這則寓言就反映了這樣一種現象。我們總是會不由自主地羨慕別人所擁有的東西，羨慕朋友的工作，羨慕別人買的新房，羨慕別人的豪車等等，但卻忽視了無論我們怎麼羨慕別人，也改變不了自己的現狀。

人總是在這樣互相羨慕和比較，強度又會隨著自己現狀的變化而變動，然後情緒也開始波動。在遇到波折時，我們就非常羨慕別人，覺得別人的一切都是好的，自己卻那麼不幸。我們很少在一段時間內只羨慕一個人，而是在不同的階段去羨慕不同的人，擁有我們所沒有的東西。

每個人的經歷和收穫都是難以複製的，在時間、空間、各項條件都很相似的情況下，你得到的和別人得到的也會不同，我們卻簡單地認為如果客觀條件允許，你也可以成為他，這是毫無意義的假設。人生機遇不同，盲目追求別人擁有的一切，終是徒勞的。與其這樣不如走好屬於自己的路，有一天，你羨慕的人反過來會羨慕你。

羨慕與比較的積極效應是精進自我。有句古話說：「與其臨淵羨魚，不如退而結網。」有些人剛進入職場，很羨慕別人的

身分、地位和才幹。無論你有多羨慕別人，你都不會立刻變成他，藉此精進自己，你才有可能擁有他所擁有的東西，而你所羨慕的人身上的某些特質就是你需要精進的地方。

自我精進是一個人在職場上全方面發展的過程，包含精進個人價值、品格和行為。精進個人價值就是你為企業創造價值的能力得到提升。如果你身處銷售型公司，你的業績指標就是最明顯的價值貢獻。如果你在行政人事部門，除了在流程、制度、規範上去展現你的價值，也要在公司整體人、物、事的經營能力上提升自己。不同職能部門的貢獻方向不同，不同規模的企業和企業不同的發展階段，所關注的重點也是不同。初創企業更關心生存問題，業績第一；處於發展階段的公司，需要員工的業績與管理能力一同協調發展；企業處在轉型變革階段，創新性部門或人才將成為重要的價值貢獻部門。精進個人價值展現你在企業中的貢獻，沒有貢獻的人遲早是要被淘汰的。

精進品格幫助我們建立良好的工作人際環境。沒有完美的個人，只有完美的團隊。這是相對個人的完美程度而言的，團隊也不可能將完美做得面面俱到，只是從整體目標實現的能力來講，團隊齊心協力達成目標一定比你個人實現這個目標容易得多。你該明白，任何一項工作不可能只需要一個人就能完成，你的工作和別人或多或少都存在連繫，你始終是工作流程中的一部分。所以，良好的工作人際關係是精進品格的一個重要部分，另外包括

對企業的忠誠度、職業道德素養、職業操守等等。

　　在職場中，和公司同事合作處理事物的能力被稱為團隊能力。精進團隊能力將使你成為一個高執行力、高效率處理事務的人，建立起良好的職業形象。職場中的團隊行為是最容易被別人察覺到的，它不像個人價值、品格那樣需要很長的時間來做出判斷。對於初入職場的人，團隊能力是第一個要表現出來、第一個要精進的，它的永續性和程度直接受一個人的品格、價值觀的影響的。

　　我們總說要在職場中建立個人品牌，但個人品牌實際上就是由個人價值、品格、團隊精神三個部分結合起來建立的。當你這三個方面都得到了完善，終有一天，你會變成讓很多人羨慕的人。

　　王棟棟身上有很多優點，他樂於鑽研、肯吃苦，並且以優異的成績從某大學的電腦系畢業。他在畢業後的 5 年中，總是覺得自己做什麼都行，所以，只要待遇比較好的職業，他都會去試試。網路興盛的時候他跳槽去做網路，後來網路黃金期過了之後，他又感覺網路業泡沫化，於是去賣房子。所以，從畢業後他就一直在頻繁跳槽。畢業 5 年的同學聚會上，他卻突然發現許多同學都已經在不同領域取得了很大的成就，這其中甚至還包括了當初學習成績遠遠不如自己的同學，但是回過頭來看自己，好像卻一事無成。

　　同學羅明看他有些失落，便問他：「王棟棟，你大學主修是什麼？你最擅長的是什麼？」他驚奇地看著羅明：「你怎麼這麼健忘？我是學電腦的呀！跟你一樣呀！最擅長的當然也就是電腦了。」羅明笑道：「那麼你為什麼不繼續強化自己的優勢，讓它變成你的個人品牌，跟著別人瞎起鬨幹什麼？」王棟棟恍然大悟，同學聚會後不久就到一家較大的電腦公司面試，並且沒有再想著跳槽。同學們 2 年後再次聚會的時候，王棟棟已經在自己擅長的工作中做出了小小的成就，並且因此受到上司的多次誇獎。他對同學笑笑說：

　　「看來在職場中要想成功，就不能脫偏離了自己最擅長的方向啊。」

放棄比較，尋找新的突破口

　　張曉敏大學剛畢業就找到了一份工作，月薪 75,000 元，是同學中薪資待遇最高的，大家都非常羨慕她。同宿舍的劉莉莉還很不服氣，她覺得自己在校期間的成績比張曉敏好，獲得的獎學金和獎狀要比張曉敏多，而且自己還在學生會擔任學生幹部，經驗要比張曉敏更為豐富，自己的薪資待遇理所當然地該比張曉敏高！

因此，劉莉莉認為自己應該提高「身價」，面試的時候，她大談自己怎麼出類拔萃，怎麼優秀，希望用人單位能夠因此對自己刮目相看，從而獲得比較高的薪資待遇。同時，她提出月薪不能低於 75,000 元。

劉莉莉按照這個標準，先後面試了十幾家公司，儘管有好幾家公司的工作非常適合她，但是由於薪水並沒有達到劉莉莉的要求，最終都沒能簽約。畢業已經半年了，劉莉莉的工作還沒有著落，看著周圍的同學都陸續找到了滿意的工作，劉莉莉有些著急了，最後只好匆匆地選擇了一家公司，簽了工作合約，月薪還不到 50,000 元。

劉莉莉的這種盲目比較心理，使她在找工作中猶豫不決，失去了很多不錯的機會。現如今，像劉莉莉一樣的畢業生有很多，找工作時不從自身的特長、能力和社會的需求出發，而想著與他人比較，抱著「等一下」、「再看一看」、「可能有更好的職位」、「更高的薪資」的心態，結果錯過了很多就業機會。

畢業生在求職過程中，如果存在這種盲目比較的心理，有可能會獲得一時的心理平衡，但卻很容易改變最初的目標而採取不切實際的行動，自身的價值得不到應有的展現，最終只能錯過最佳時機，甚至竹籃打水一場空。比較的最終受害者肯定是自己，工作不是拿來炫耀的，只有合適自己的工作才是最好的。

隨著就業形勢的變化，大學生們應該不斷更新自己的就業觀念，認清當前的就業形勢，主動學習和掌握就業技巧，提高就業能力，正確認識自己，合理地確定就業期望值。只有這樣，才能認清自己所處的位置，在就業競爭中處於主動地位。

很多大學生在擇業過程中，一味追求高薪、體面、穩定的工作，很少有人能夠正確評估自己，更多的時候對於選擇什麼類型的工作並沒有明確的目標，在投遞履歷時，都是在漫天撒網。在求職面試時根本不知道自己到底適合做什麼樣的工作，從而喪失了很多就業機會。所以，畢業生在找工作時一定要先弄清自己的優勢與特長，劣勢與不足，對自己掌握的專業知識和技能準確評估，了解自己的個性和特徵，知道自己最適合做的工作是什麼，才能夠更好地實現個人和職業之間的匹配。

作為剛畢業的大學生，選擇合適的職業發展方向特別重要。求職的時候目標不能太高、太理想化。有不少大學生在找工作的時候盲目追求大城市、高收入、500強，不顧個人的性格特點和職業興趣，甚至不惜為此放棄個人的專業和特長，不僅錯過了很多就業機會，還會嚴重影響今後的職業發展。所以，大學生在求職前一定要對自己做出明確的定位，設定合適的職業目標，並制定出短期、中期、長期的職業規劃。

畢業生在求職時，多方位、多管道地尋找並沒有錯。但一定要把握一個原則，那就是要給自己做準確的定位。專家說：

「求職者，特別是剛剛走出校門的大學生，一定要考慮清楚，自己想做什麼，能做什麼，能不能做得好。一旦確定好了目標，就要為了自己的目標而努力。經過一段時間的努力，發現目標實現不了，而且希望不大的時候，再去尋找別的就業途徑，同時還要考慮自己的目標和市場、社會的需求是否相符。」

放低姿態，先選擇再抉擇

馬上就要大學畢業了，小黃的工作還沒有著落，她的心情一天比一天低落。小黃是理工科系的畢業生。大四的時候，她就集中精力找工作。開始時，小黃對就業形勢還不夠了解，還有點「挑」，有些工作她連履歷也懶得投。但是最近她著急了，因為和她一塊畢業的哥哥考上了研究所，家裡人把所有的「關心」都匯聚在哥哥身上，讓她備感壓力，她現在只想要馬上找到一份工作。

為她的就業問題，家人們給出了不同的意見。表哥表嫂們說要先就業後擇業：「都大學畢業了，找到一份工作，能養活自己才是最關鍵的。」可在一旁的舅舅反駁道：「第一份工作對她的職業道路影響很大，關係到以後能不能發展得更好，所以一定要慎重，寧缺毋濫。」親戚們各執己見，談論了半天也沒有個結果，這讓小黃也更加茫然，她不知道自己是該先就業，還是先擇業。

　　其實，像小黃這樣困惑的大學畢業生並不在少數。近幾年，大學畢業生「找工作難」已經成為不爭的事實。在強大的就業壓力面前，不少大學畢業生都受到「先就業還是先擇業」的困擾。

　　近 2 年來，比起學歷，企業更看重一個人的工作經驗。從一些現象中，我們甚至都看得出：學歷一直在貶值，而工作經驗卻在升值。

　　根據相關數據統計，2013 年大學畢業生半年後的就業率和前 2 年相比有所好轉。但同時，高職畢業生和大學畢業生半年後的就業率差距正在大幅度縮小。

　　從薪資來看，2013 年大學畢業生半年後的月薪與上一屆相比已經有了明顯下降。與這個情況形成對比的是，高職畢業生半年後月薪雖然沒有大學畢業生高，但它的增幅卻是最大的，並且比前 2 年有了顯著的提高。

　　很多剛畢業的大學生都不由自主地有一種優越感，認為自己受過高等教育，是高品質的人才，因此，常常會把自己放在比別人高很多的位置上。殊不知自己的能力和工作中的實際要求相差甚遠，不僅談不上「睥睨眾生」，甚至離企業需要的人才都有著很大的差距。

　　這一點，技職生們一開始就把自己放得比較低，他們也了

解工作得來不易，所以會更加勤奮努力地工作，並希望以此來彌補學歷上的差距。這種心態彌補了大學生和技職生在學歷方面的差距，同樣的能力，應徵企業當然願意選擇那些對薪資要求比較低的技職生。

學歷只能代表我們受教育的程度，並不能代表我們能力的高低。我們要正確看待學歷，既不要忽視了高等教育的重要性，也不要樂觀地認為一張證書就能讓自己得到一份體面高薪的工作。

企業喜歡的是具有「踏實、努力、謙虛、耐心」的人才，不管是大學生還是技職生，只要你是這類人才一樣可以在職場上發展得很好。

企業一般會根據不同職位的要求，在徵聘時，對應徵人員的專業和學歷有一定的傾向性。但是，高學歷也並不會為自己在面試中贏得更多的加分，公司更看重的是求職者的綜合素養，這也就意味著機會對每個人都是均等的。所以，成功就業的關鍵在於，應徵者是不是能夠找準自己的定位，也就是是否了解自身具備的條件與所應徵職位的匹配程度。

無獨有偶，很多世界知名企業都表示，應徵者的學歷高低，已不再是他們判斷是否錄用其人的唯一標準。

畢業生在求職前，一定要抱著務實的態度，摒棄「學歷至

上」的觀念和心態。可以先選擇一份工作，從基層職位做起，學習與累積了一定的工作經驗之後，再選擇到那些自己想去的工作單位，一開始就找到一份真正適合自己的工作當然更好，但是在當前的就業形勢下顯得有點不太實際，就算最終能夠找到合適的工作，可能也會在找工作上浪費很多時間，還不如利用這些時間去累積經驗。等自己對未來工作有了一個明確的方向後，再對未來要從事的工作做抉擇。從調查數據來看，78.3% 的被調查者對自己未來的工作有設想，說明現在的大學畢業生還是對自己的未來進行了思考的，這對將來的職業規劃有很大的好處。

對剛畢業的大學生來說，鑑於就業的壓力，先選擇再抉擇顯得更現實。如果暫時選擇不到心儀的職位，就應該調整定位「先就業」，這裡所說的先就業，應立足於將來目標職位，並且能夠根據未來設想職位的相關要求，選擇一個相關職位先就業，在工作中慢慢累積相關經驗和理想職位所需要的各種能力，爭取為下一步做好鋪墊。

給自己喝一次彩，你也有過人之處

最近的一項調查顯示，大概九成的被調查者都承認自己有同輩壓力。七年級生在被調查者當中占 53.6%，六年級生占 25.1%。由於當今社會競爭激烈，面對升學、就業和升遷等各方

面的壓力，每個人或多或少都會表現出一種焦慮不安、浮躁不
定、緊張不已的情緒，有人甚至說已經進入全民焦慮期。

　　隨著年齡的增長和來自長輩的壓力相比，身邊同齡人給自
己的壓力似乎更加明顯和強大。這種壓力有一個專門的詞叫同
輩壓力，西方學術界將其解釋為：因為害怕被同伴排擠而放棄
自我，做出順應別人的選擇。但現在，同輩壓力的內涵似乎擴
大了許多，泛指和自己年齡、地位、所處環境相似的人取得的
成就帶給自己的心理壓力。

　　社會就像是一個大舞臺，每個人都在這個舞臺上都飾演著
不同的角色，不管是主角還是配角，我們都在用心演好自己的
角色，認真地感受來自生活的點點滴滴。我們被很多英雄事蹟
感動，我們為生活的不屈者鼓掌，卻忽略了其實我們自己也需
要一些掌聲。不管表面上多麼堅強的人也都會有軟弱的一面，
都需要精神安慰。在寂靜無眠的深夜，你能不能給自己一個微
笑，給自己一些掌聲，積極地期待明天的太陽呢？為自己喝
采，我們就能夠擁有勇往直前的勇氣。

　　人生的道路上充滿荊棘，再平靜的海面下也可能暗藏著洶
湧波濤。在這些波濤面前，我們應該相信自己，用一顆勇敢的
心去面對。一次失敗並不代表永遠失敗，笑到最後的人才能笑
得最燦爛。勝利了，我們可以一笑而過，跌倒了，我們要忍痛
爬起來，微笑著繼續我們的人生旅程，勇往直前去為自己開拓

一條通往未來的七彩之路。勝利的旗幟就在前方向我們招手，下一站或許就是成功，明天又是美好的一天。

　　為自己喝采，生活也會變得多姿多彩。我們很多時候都是在為別人喝采，但是你可能不會想到，當我們為自己喝采時會有完全不同的感受，不同的心情，就像在炎夏裡，窗外突然吹來一陣夾著桂花芳香的涼風，讓人感覺清爽。

　　人生的道路上，坎坷的職場中，都可能經歷挫折和失敗。但只要我們真心努力過，失敗了又怎樣呢？就算失敗了，我們依然可以微笑著坦然接受。失敗過後，我們可以重新起航，用經驗教訓和自己的努力迎來下一次成功。挫折和失敗並不可怕，可怕的是你從此一蹶不振，那才是真的失敗。

　　美國希爾頓國際飯店集團的創立者、名聞遐邇的企業家康拉德‧希爾頓（Conrad Nicholson Hilton），喜歡給人講這樣一個故事：希臘有一個窮困潦倒的年輕人，到雅典一家銀行去應徵一份警衛工作，但是他除了自己的名字之外什麼也不會寫，自然也沒有得到這份工作。他在失望之餘借錢渡海去了美國。許多年後，一位希臘大企業家在華爾街的豪華辦公室舉行記者會。會上，一位記者說要他寫一本回憶錄，這位企業家回答說：「我寫不出來回憶錄，因為我根本不會寫字。」在場的記者聽了之後都感到特別吃驚，這位企業家接著說：「萬事有得必有失，如果我會寫字，那麼我今天可能只是一個警衛而已。」

每個人都有自己的長處，學會肯定自己不僅能給自己增加信心，而且讓自己更加明白，人生處處充滿真情。人生的祕訣就在於經營自己的長處，找到發揮自己優勢的位置。美國微軟公司的前任總裁比爾蓋茲（Bill Gates），沒讀完哈佛大學就去經營他的電腦公司了，但是他的成功令人刮目相看，讚嘆不已。而直到 2007 年哈佛大學才授予比爾蓋茲「名譽博士」學位。

梅傑（John Major）是近百年來英國最年輕的首相，他 47 歲登上首相職位，為世人所矚目。但是他年輕的時候並沒表現出超乎尋常的聰明，16 歲的時候，他因為成績不好而退學，後來應徵公車售票員的時候，又因為心算不好沒有被錄取。有許多人對此想不通：一個連售票員都不能勝任的人怎麼能當首相？梅傑在一次談話中針對這種懷疑回答說：「首相不是售票員，用不著會心算。」

從這些例子我們可以看出，一個人能不能在事業上獲得成功，在相當程度上取決於自己能不能揚長避短，善於經營自己的長處。

我們初次接觸任何事的時候都會覺得困難重重，特別是經歷了幾次失敗之後，心裡也許會產生一些抗拒的情緒。當我們處於這種狀態的時候，一定要冷靜地想一想，悄悄地在心裡為自己鼓一下掌，在心裡默默為自己喝幾聲彩。成功時我們要為自己喝采，面對挫折和失敗的時候，我們仍然為自己喝采，因

為我們懂得，最大的對手其實就是自己！

　　每一個角落都在等待陽光的照耀，每一個人也都在期待著美好的未來。當你滿心疲憊的時候，為自己喝一次彩，別忘記有一盞心燈將照亮你回家的路，指引你走向光明。

　　學會為自己喝采，發揮自己的長處，你一定會得到一些意外的收穫！

第 6 章
在路上你只有埋頭前進

確定自己要什麼

　　畢業意味著重新選擇，未來的選擇權由每個人自己掌控。但你知道自己要什麼嗎？這是一個很難回答的問題，很多剛畢業的學生都沒有認真思考過。大學生活並沒有教會我們如何選擇未來，家長也常常只是向我們要結果，而不是教會我們對未來該如何做出判斷和選擇。

　　我總會問前來面試的大學生，你為什麼選擇這份工作？但我很少能得到滿意的回答。有一個女生迫於就業的壓力，不得不選擇業務工作。她自我介紹之後，我問她：「你為什麼選擇這份工作？」

　　女孩堅定地回答：「我喜歡當業務。」

　　可我並沒有聽見她的介紹裡有相關的工作經歷，我接著又問：「你有做過業務工作嗎？」

　　「沒有，但是我就是喜歡。」

　　「那你對業務工作是怎麼理解的？」

　　「銷售啊，就是把東西賣出去。」

　　「嗯，很好，如果現在有行政類、銷售類、技術類的工作，你會選擇哪一類？」

　　女孩思考片刻後，回答說：「我選擇行政工作，你們也招聘

行政相關工作嗎？」

　　先就業再擇業的思維邏輯本身沒有錯，而很多畢業生對這句話的理解產生了偏差，他們並不知道自己想要什麼，而是因為想要得到一份工作而去找工作，像無頭蒼蠅一樣亂撞，這不是最好的擇業方式。還有一些剛畢業學生急於想增加自己的收入，所以心想，「管他呢，先賺錢再說！」

　　對於就業，畢業生不能只考慮收入問題，你更應該專注自身具有的能力有哪些？自己希望朝著哪個方向發展？在未來 3 年、5 年、10 年，甚至更長時間，你想過什麼樣的生活，達到什麼樣的生活方式和狀態！

　　合理地規劃自己在未來不同人生階段的目標，例如，在 3 年後，你希望工作達到一個什麼狀態，有怎樣的收入。最好的方法就是，找一個你身邊工作多年的人做參照，並確定這就是你目標的原型。這個目標包含了收入、職位、社會地位等。接下來將目標細化到具體需要做些什麼，應該具備哪些能力和資本，接下來就是積極努力，且按部就班地去執行。

　　有這樣一個非常值得我們參考的觀點：20 至 30 歲，別惜用我們的體力和精力，如果這個天然的資源你都不捨得開發，等到體力和精力都衰退的時候，你就失去了所有優勢；30 至 40 歲，我們依靠的是經驗，這個經驗就是在之前的 10 年透過努力

工作，付出體力和精力換取的；40 歲以上我們需要用資源獲取更好的生活，這些資源不是憑空而來的，而是在過去的 20 年間點點滴滴累積起來的有形資產和無形資產。如果有這樣清晰的認識，對「自己究竟要什麼？」這個問題就比較容易回答了。

程好是一位剛畢業不久的大學生，在一家外商從事人事助理工作，雖然目前的收入和工作職位都不是最理想的，但她很踏實工作。她給自己定了一個 5 年目標，5 年後爭取拿到 75 萬元的年薪，做到人事經理職位。可自己現在的工作能力和經驗距離自己的目標還是差得很遠。於是，程好將這個目標分解為：1 年後，月薪能夠增加 50%，熟練掌握所有人事工作流程；3 年後，年薪 50 萬，成為人事主管；爭取 5 年後，實現自己的目標。

規劃清楚後，程好開始行動。她利用業餘時間學習，並報考人力資源相關資格證書，從助理人力資源師直考到高階人力資源師，在工作上也投入更多的精力和努力。專業知識上的提升，也使她在處理相關業務問題上更成熟、更高效，加上她工作勤奮，5 年後她順利晉升為高階人力資源經理，年薪 75 萬元。

程好的心願能夠達成關鍵，在於她知道自己想要什麼，擁有清晰的目標，並且對目標進行了合理分解，而且逐一執行。5 年後的狀態是顯性目標，需要透過一點點努力付出來實現的，明確了這一點，程好將目標做了兩個方面分解：一是目標構成；二是支持目標構成相關要素。

　　有多少人像程好一樣清楚自己要什麼呢？即使清楚自己要什麼，那麼怎麼規劃才能實現這個目標呢？

　　舉個例子：

　　如果要從學校回家，回家就是目標，這個目標要被分解。有方式，有路線，有同行者，有時間節點。

　　方式 —— 步行、公車、開車、計程車。

　　路線 —— 路線 1 還是路線 2，各有什麼不同。

　　同行者 —— 哪些人和你一起前行，允許有不同時間和路途階段的過客。

　　時間節點 —— 什麼時候到，如 10 分鐘之後會到哪裡，15 分鐘之後到哪裡，30 分鐘之後到哪裡。

　　恭喜你到家了。

　　這就是回家規劃，職業規劃同樣如此，如果希望能達到自己設想的職業目標，那麼現在你要思考自己需要做什麼，然後分解執行吧。

沒人為你的青春買單

　　有些剛畢業的人，左挑右選，這份工作不喜歡，那份工作不喜歡，一晃，2 年過去了，工作總處在動盪之中或依舊待業。

大學畢業，正是美好的青春年華，我們可以堅持自己的夢想，自己決定未來的路該怎麼走；我們也可以聽從家人的安排，按部就班地開始生活。不論選擇哪種路都不存在對錯好壞之分。

但是，我們要清楚一個問題 —— 誰為青春買單？

當然是我們自己！

一天，部門有位員工對我說他要離職，我覺得他工作做得不錯，為什麼要離職？這位員工說，家裡託人將他安排回鄉上班，這是父母的心願，不想讓他一個人離鄉背井，而且他出來工作近 2 年了，也沒取得多大的成績，大城市的生活壓力也很大，還不如回家。

出於關心，我又問了他回家後有什麼安排打算，他的回答透露出些許無奈，說只好聽爸媽的安排，到國營事業上班。

大半年過去了，他打電話給我，寒暄過後，我問他現在發展的情況，他十分沮喪。原來，回家後，他才發現這樣的生活不是他想要的：第一，他不喜歡那座城市的生活，回家只是爸媽捨不得他離家太遠；第二，國營事業現在的正職缺額減少，目前還只是個約聘職。

這位員工回家 10 個月，時間雖然不長，但這 10 個月的青春白白浪費了。我們的青春還能剩多少？還有多少機會可以錯過？

　　浪費青春，耽誤的是自己。青春對於個人而言，是不可再生資源，是一個人的競爭優勢。所以，我們要在有限的青春年華裡，用最認真負責的態度換取更好的明天。

　　青春是資本，如花一樣，我們需要用青春的花朵換取更多生命的果實。青春是用來燃燒的，不是用來享樂和耗費的。

當勤奮成為一種習慣

　　誰是這個世界上最聰明的人呢？愛因斯坦（Albert Einstein）、富蘭克林（Benjamin Franklin）、牛頓（Isaac Newton）還是愛迪生？

　　勤奮可以改變命運，《聖經》（*Bible*）裡說：「辛勤勞作的人必享豐盛。」辛勤勞作是人類生存的基本條件。

　　當勤奮成為一種習慣的時候，一切都會改變，因為你在成長，用勤奮付出換取更多優質資源。一位年僅 26 歲，年收入超過百萬元的年輕人，評價自己唯一的優點就是：把勤奮當成一種習慣，從不計較付出。別人一天完成一件事，他卻在一天裡做完兩件、三件事，所以每天收穫是別人兩到三倍，同一週期內他累積的經驗要比別人多出很多，收穫自然比別人多出不止一倍、兩倍。

誰都不能保證自己是最聰明的，但我們可以保證自己是最勤奮的那一個。勤奮換來的不僅僅是金錢，而是更多可以用於轉換成金錢的資本和資源。

勤奮是需要培養的。

首先，在工作中要培養勤奮、主動、持之以恆的作風，不要「三天打魚，兩天曬網」。有些人起點低，但他每天都比別人勤奮一點點，終有一天，他的收穫會讓別人望塵莫及。古語說：「積跬步以致千里，積怠惰以致深淵。」如果你對工作每天懈怠一點點，自己沒有察覺，長期如此，你會被別人遠遠地拋在身後。就像很多在職場上身居高位的人，一旦鬆懈下來，在短短一兩年內就會被那些勤奮的後來者超趕。

第二，培養總結的習慣。「懶人」常常不願意總結，因為他們不知道，經常總結可以使我們在遇到相關問題的時候根據總結的經驗，節省時間，提升效率。這樣，既可以「懶」也可以把事情做好。總結是「懶人」最好的「偷懶」方法。

第三，培養不斷學習的習慣。有句話說：「5 年不學習的博士也會被淘汰。」小梁是一個來自偏遠地區的小夥子。小時候由於家境貧寒，小學畢業就沒再讀書了。小梁從小就很懂事，為了補貼家用，不到 20 歲的他選擇了外出打工，在工地上搬運磚頭、水泥，非常辛苦。小梁清楚地意識到，想改變這種現

狀，必須透過學習彌補知識上的欠缺，為以後找份理想的工作打基礎。於是，他一有時間就去書店，看了很多關於銷售的書。2007 年，小梁進入了一家公司，做起了銷售員。他繼續保持愛學習的好習慣，所以進步很大，絲毫不比公司那些大學畢業生工作能力和表達能力差。

李飛，一位和小梁有相似經歷的小夥子。由於家裡條件不好，他沒有受過什麼高等教育，但卻非常熱愛學習。2003 年，18 歲的李飛從老家來到大城市找了一份電話推銷的工作。李飛深知自己的知識有限，所以，他自願加班，比其他同事每天多工作 2 至 3 個小時，一有時間他就看各種關於銷售的書。勤奮學習和工作給他帶來比別人更多的收穫，足夠多的拜訪量，使他的銷售業績和收入不斷提升，3 年後成為銷售部主任。這樣的進步給他帶來更多的自信，他希望自己成長得更快。現在的他，不到 30 歲就成為部門負責人，年收入 100 萬元。

學習不可能很快改變我們的現狀，只有持續不斷的學習才能改變命運，帶給我們更多的收穫。看看以上案例中的兩個人，他們的起點雖低，但他們要求自己不斷學習，最終改變了自己的命運。

在相同的條件下，受過良好教育的人會比沒受過良好教育的人更有發展機會，很多人便把這樣的優勢當成了自己的資本，而忽略了勤奮。我們只看到了別人取得的成就，卻很少看

到別人勤奮的付出。如果大家起點一樣，你卻落後很多，那就說明你現在還不夠勤奮，繼續努力吧！

現在就做，絕不拖延！

相信大家聽過「執行力」這個詞。近年來，與這個詞相關的培訓、著作有很多。執行力就是要求我們：現在就做！不要拖延！不要光說不練。

有一位新員工，休息時常常往書店跑，主管知道後很高興，說明他愛學習。他確實在知識學習上很有系統、很豐富。由於公司業務拓展的需要，他被外派到外地工作。可是，這時問題出現了，主管每次安排的工作，他都拖拖拉拉，不催他的話工作就進行得非常慢，讓主管很失望，本來還打算重用他，現在主管卻說：「懂得再多，做不到有什麼用呢？」

的確，學到不等於知道，知道不等於做到。雖說「知識就是生產力」，但知識不應用於實踐，會成為影響生產力的絆腳石。說「知識經濟」倒不如說「知識應用經濟」。

大學畢業生要清楚地知道，學歷高不代表在工作中可以受到優待，而具有超強執行力和能出色完成工作的人更受到老闆喜愛。

　　我的同事羅喜就是一位執行力非常強的人，每次工作都是執行最到位的人。有一次我們在外地出差，由於臨時需要，安排他幫當地一家企業的員工做培訓。講話時他帶有些鄉音，有些員工聽得不是很明白。培訓結束後，我告訴他：「沒有人會因為你的各種先天原因，而原諒你工作表現得不佳。」此後，他每晚都在書上標註好拼音，反覆讀，請同事幫忙糾正，經過不到兩個月的練習，他鄉音沒有了，而且表達能力大大提升，後來成為兼職內訓講師、公司區域經理。

　　在工作上的問題以及不足是需要花費時間改善的，沒人能夠替代你做這件事，這是對自己負責。執行與不執行，改善與不改善，得到的結果是不一樣的。

　　還有一位員工，2009 年進公司，平時話不多，但安排工作卻是在第一時間完成並回饋的。他剛到公司不到一個月，由於公司業務迅速發展，沒有人手來做新店面的拓展工作，於是公司就委派他去負責。剛開始大家很質疑這位剛進公司的新手，沒有相關經驗，對公司流程和很多事務都沒搞清楚，委派他去做這份工作，他能做得了嗎？這位話不多的小夥子，工作卻非常主動，每天排好工作事項，主動找相關人員請教溝通，自己很謙卑地組織學習交流會議。大家感受到他對工作的熱忱，但還是有所懷疑。

　　為了儘早找到合適的店面位置，他起早貪黑，一有問題就

記錄下來,向同事請教,一個多月的時間,店面位置全部搞定。有很多同事給他潑冷水,說這個位置的店面一直存在客流少的難題,之前很多人選了這個位置最後都沒做好等等。為了解決客流難的問題,他分析周圍居住工作人群的特點,分析周圍人群外出線路,有針對性地制定宣傳時間、方式,分析競爭對手,向競爭對手學習,不斷調整和加強店面經營。慢慢地,這家店的人氣起來了,業績越來越好,許多人都做不好的事情,他居然都做到了。得到了公司上下一致好評,後來很快升為部門經理。

後來,我問他:「你之前剛進公司被安排做店面拓展的時候擔心嗎?」

他說:「當時確實比較擔心,甚至怕自己一點兒都做不好。」

「那你後來是怎麼做到的呢?」我又問。

他的回答讓我很有收穫,他說:「擔心又不會有結果,想也沒用,既然安排我了,我就去做。之前的擔心會讓我自己做事更謹慎,生怕有些事情沒有想到、沒有做好。所以,我常常和別人溝通、常常向同事請教,甚至有些人都煩了,但沒辦法,我要做下去啊,還好結果不錯,我終於鬆了一口氣。」

正如這小夥子所說的:「想也沒用,安排了就去做!」把事情進行下去,不要猶豫也不要等待,去做必然有收穫。

別妄想自己能不勞而獲

　　小時候，常常聽長輩們講這樣一個故事：有一家人，家裡的孩子很懶，每天都要家人幫他穿衣服，餵他吃飯，否則不穿不吃。有一天，大人要出遠門，這個孩子懶得不想出門，為了不讓他餓死，家人想了一個辦法，做了一張足夠他吃很多天的大餅，套在他脖子上，然後大人們放心地出門了。十幾天回來後，這個孩子居然餓死了。家人才發現他只把脖子前面部分的大餅吃了，吃完後都懶得轉一轉，所以餓死了。

　　這則寓言故事是要告訴孩子們，想不勞而獲的最後結果，就會像故事裡的小孩一樣，被餓死。在職場中，也存在一些想不勞而獲的人，他們就像不會轉餅的孩子，等別人來餵，變得越來越被動，最後只能被淘汰。

　　小汪透過朋友介紹到公司面試，人資部門面試完了，輪到我進行面試時，我問她兩個問題：為什麼離開上一家公司？對新公司有什麼期望？我一直認為這兩個問題能看出很多東西，尤其是可以考察員工心態。

　　小汪說：「我在上一家貿易公司裡做出納，後來遭遇金融危機，公司業務縮水，開始裁員。剩下的人手不夠，我有時會被安排去做打包、貨品整理等其他工作。所以，我向老闆提出加薪資的要求，可老闆拒絕了。而且我工作了 1 年多沒有升遷，

感覺以後也沒有什麼發展機會，所以便離開了。」

　　聽完小汪的回答，我說道：「既然老闆為了賺錢開公司，員工為了賺錢來工作，這兩者之間需要有個平衡，一般情況下老闆不會賠本給你加薪資，員工更不會白幹，如果你的工作在性質上和貢獻率上都沒有明顯變化，為什麼老闆會給你加薪呢？你到任何一家公司工作，情況都是一樣的。要求公司為自己加薪的同時，也要看看自己的貢獻程度和付出程度。如果你期望工作性質沒有變化，貢獻率也沒有提升，一味要求老闆加薪，這有不勞而獲的嫌疑。」她似乎聽懂我對她說的話。

　　也許有人會說，小汪也不是不勞而獲啊，她做了很多的工作呢。其實，不勞而獲的概念有絕對和相對兩種。絕對的不勞而獲是兒時我們常聽的那個小孩被餓死的故事，就是一點兒事情沒有做，而希望能獲得收穫。相對的不勞而獲，就是幹了貢獻率和工作性質沒有明顯變化的工作卻要求更高的回報。

　　有些人，希望老闆給自己加薪，可當公司給他多安排一些工作時，他總是抱怨：「怎麼又給安排這麼多活。」但他不知道，多勞不僅在工作能力上多得，也會獲得很多的情感支持。不想多做事，怎麼會有好的工作績效？怎麼能夠獲得同事和上司的好評？也不要指望只要做事了就會得到賞識，只有一如既往地努力才會有人真正關注你。心甘情願地主動做事，加薪升遷的時候，老闆自然會想到你。

　　與其整日做美夢，不如去辛勤勞動，收穫成功。努力尚且不能保證一定能收穫成功，不努力還期望生活改善、事業順利、不勞而獲，這是妄想。不勞而獲的東西如海市蜃樓不會持久。

方向比方法更重要

　　明確方向是職業發展的第一要素，這就如同路再遠，只要方向正確總能到達目的地。

　　「謀定而後動」，這句話說的就是方向決定了方法，方法是為方向服務的。很多畢業生在聽完我講職業規劃課後，都會問我自己今後該如何發展？我通常會回答他們：「我不知道，只有你自己知道。」因為職業規劃是自己的功課，不是別人的功課，只有你知道自己想要發展成什麼樣，這就是方向。

　　很久以前有一個人，非常勤快。可他做了很多事情都沒有做成功，於是，他下決心要去專心學一門手藝。有一天，有人告訴他，學習做雨傘比較好，材料到處都是，只要自己勤快，能賺很多錢，他就開始專心學習做傘，他學成之後回到家鄉，做起賣傘的生意。可天不遂人願，這一年，家鄉大旱，幾乎沒有下雨，他堆砌滿屋的雨傘一把都沒賣掉，他失敗了。這時有

人又建議他：「你看現在大旱，人們缺乏運水的器具，你應該去學習這個。」他聽後覺得很有道理，於是去學習如何做運水的器具，也很快學會了，正準備靠這個成功翻身的他，又趕上了自己的國家和鄰國打仗，大家都在逃難，沒有人關心運水這事。後來，他又想自己開個鐵匠鋪，專門修理和製作兵器，於是他又去學習鐵匠手藝，等學成後，兩國關係改善了，不打仗了。此時，已經年老的他已沒有精力再去折騰了。

許多剛入職場的人都像故事中的主角一樣，對自己未來如何發展沒有方向，自己剛深入到某一領域，遇到點兒困難就轉行了，工作總是換來換去。

我公司新進了一個行政經理，才工作了一個月就告訴我他要離職了，我有些詫異，所以和他溝通了一下，他告訴我：「我不想做行政工作了，我發現自己越來越不喜歡這個職業，儘管一直從事行政工作。」

「那你將來想做什麼呢？」我問。

「我想轉行做銷售或培訓。」

我接著問：「既然你不喜歡，為什麼當時還投行政工作的履歷，而且才工作將近一個月？」

他說：「是啊，我怎麼沒有想過這個問題。其實我也不知道自己未來的發展方向是什麼。」

想換職業的人，普遍有兩種情況：一是因為工作壓力及工作的不如意而想轉行；二是因為追求個人發展而轉行。如果你是前者，換工作解決不了你的困擾，在任何一個行業、一家公司裡工作都會遇到類似的問題；如果你是後者，

自己要想清楚發展方向後再做決定，如果換了就勇敢地堅持下去，才會有所收穫。

試想，如果那個古代的勤快人，如果堅持做傘，結果又會怎樣？旱災，可以開發遮陽傘，賣給有錢人家的小姐；打仗，可以做出又大又氣派的傘賣給那些遠征的將軍在戰車上使用……可能許多年後，他成為一位遠近聞名的製傘大師，開了許多家連鎖傘店。

很少有人在職業發展的道路上一帆風順，正所謂「三十年河東，三十年河西」，但只要我們方向明確，準備充分，總有一天所有的困難都會煙消雲散的。

牢記心中的夢想，時刻鼓勵自己

有兩個農民，一天在地裡幹活，幹累了，兩人在樹蔭下乘涼。

甲笑瞇瞇地對乙說：「昨天我做了一個美夢。」

乙好奇地問：「什麼夢啊？」

甲說：「我夢到我有兩座金山，好大好大的金山，我們全家世世代代都享用不完。」

乙聽完很著急地說：「你看我們關係這麼好，你就分一座金山給我吧！」「要金山，自己不會去做夢嗎？」甲很生氣地說。

生活中，你想要的「金山」，你夢到了嗎？

很多人說，夢想都很遙遠，幾乎實現不了。夢想可能很遙遠，細化後卻很現實。歐普拉（Oprah Winfrey）說過：「一個人可以非常清貧、困頓、低微，但是不可以沒有夢想。只要夢想一天，只要夢想存在一天，就可以改變自己的處境。」在今天這競爭激烈的社會中，我們更不該放棄夢想。

2004 年，我結識了一位姓陳的好朋友。他就是一位不斷追尋夢想和不斷自我鼓勵的人。他出生在一個很貧困的家庭，很小的時候爸爸就告訴他，只有讀書以後才會有出路。和大多數孩子一樣，考上大學成了他兒時的夢想。所以從小他就很用功讀書，他平時很少跟其他孩子玩，幾乎所有的時間都用來讀書。

在國中的時候，坐在他前面的是他心目中最美麗的女孩，可由於家庭條件的懸殊和那個大學夢，沒有示愛而是選擇將她默默放在心上。

上大學的道路並不順利。第 1 年考大學失敗，很多人都勸

他出去工作賺錢吧，可是他仍然堅持繼續苦讀 1 年，終於在第 2 年實現了大學夢。進入大學後的他，並未忘記當年喜歡的那位女孩，於是他四處打聽，找到了她的連繫方式，開始了長達數年的馬拉松式追求。剛開始女孩只是出於禮貌和他保持連繫，對他沒感覺，後來也不怎麼理他了。於是，陳開始每月寫信，從未間斷，不管對方回不回。陳省吃儉用，就為了存錢買一張去女孩所在城市的車票。他的誠意打動了女孩，大學畢業後，女孩已經安頓下來，也希望小陳能過去發展，於是陳義無反顧地來到女孩的城市，現在成為他的妻子，他愛的夢想實現了。

2004 年來到異地的陳，最大的夢想是在這裡可以有自己的一個家，一個把女孩娶回去的家。上班的收入微薄，於是他就去跑銷售，個性內向的陳，因為語言表達較差，被人嘲笑。可他沒有放棄，突破重重困難，騎著破舊的腳踏車走街串巷跑銷售。幾度因為過度疲勞而暈倒入院，朋友去看他時，醒來的他總是面帶微笑對大家和含著淚水的老婆說：「沒事，休息休息明天就好了。」

這就是永不放棄夢想的精神。經過幾年的打拚，2011 年，他和老婆有了自己的大房子和可愛的寶寶，陳有了自己的生意。幸福的夢想，再次實現。

夢想沒有大小。陳今天的幸福生活是他不斷超越自我，鼓勵自我實現的。沒有實現不了的夢想，只有放棄和來不及實現

的夢想。夢想需要我們全力以赴而不是盡力而為。陳可以找出各種理由放棄追求夢想，例如，在考大學失利後出來工作；在被女孩多次拒絕後另娶他人；在畢業後隨便找份工作……但是他卻從未忘記過自己不同階段的夢想。有人因為困難而放棄夢想迎合現狀，有人衝破現狀追逐夢想。哪一個人生更加精彩，不言而喻。永不放棄夢想就是最好的鼓勵。

第 7 章
綻放，終有鍾愛你的蝴蝶

驅除內心的無力感

畢業後，我們抱著滿腔的熱血和信念，踏入職場，想一展宏圖。然而，慢慢地，我們的內心卻充滿了無力感，因為我們發現原來自己在學校所學的理論知識，一時在工作中發揮不了作用，無法順利實現預期的職業規劃。當我們內心充滿無力感時，前進的腳步就會停下來。

當樹立一個目標後，我們會付出實際行動去實現，可由於各種外界因素的影響和干擾，很多時候未能達到預定的目標，此時，人們心中會產生淡淡的無力感，從而對一切事情失去興趣與信心。

剛畢業時，大家都勾畫著未來藍圖，渾身充滿熱情與鬥志，找工作，實現自己的夢想。畢業後，大家常會聚在一起討論當下的生活、工作狀況。有一次，一幫朋友聚在一起聊天，有一個人只坐在一邊聽著，也不參與大家的討論。在我的追問下，這位朋友才吐露了心中的煩惱：他在一家傳統媒體公司旗下的雜誌社做編輯。主要的工作是選擇特定客戶，然後親自拜訪，試圖讓他們接受採訪、購買雜誌。其實，這是一個很好的鍛鍊機會，可是他那時是位剛入職場的新人，對社會、職場都不了解，再加上公司沒有給新員工做專門的培訓，他拜訪客戶處處碰壁，沒有客戶願意接受採訪和購買雜誌。

　　這種工作狀態讓這位朋友感到恐慌無措，他甚至開始質疑自己的能力。逐漸開始討厭上班，內心充滿了無力感，這種感覺控制了奮進的意志力，久而久之他便失去了工作的鬥志與熱情。

　　無力感會讓一個人失去前進的動力，更別說嘗試去改變。村上春樹的作品《1Q84》第一部中提到「無力感可以腐蝕一個人」。塞利格曼 (M. Seligman) 曾用一種動物實驗驗證「無力感」之說。首先，將動物關在籠子裡並給予電擊，當動物在遭到電擊時，會拚命地觸碰拉扯籠子四周的按鈕與開關，試圖制止電擊的持續進行，然而當牠獲知自己的行為不能得到預期中的效果、一切努力都是白費時，就會放棄所有制止的行動，為自己留點氣力忍受電擊之苦。經過這樣的試驗，即使籠子被開啟時，已遭到無力感打擊的動物，寧願待在籠子裡面繼續忍受電擊之苦，也不願再浪費力氣嘗試逃出去。原來當自己發覺再怎麼努力都無法改變現狀時，將會造成心理上一種深深的無力感，內心便會充滿恐懼。

　　無力感可以摧毀人的自信和希望，最終喪失生存的基本動力。只有讓內心變得強大和自信起來，才會戰勝無力感。擁有好的心態，那麼看待世界就是另一種感受。在法國南部的一個小鄉村裡，據傳有一汪神奇的泉水，可以醫治各種疾病。某日，有一個少了一條腿的男人，拄著雙枴一跛一跛地走到泉水

旁。一旁的村民看到，略感同情地說：「也許，這個可憐的傢伙是要向上帝祈求再有一條腿吧。」那個人聽到了旁人的議論，轉過身笑笑，說了一句話：「我並不是因為再想得到一條新的腿而向上帝祈求，而是要感謝他幫助了我，讓我在失去一條腿後，也知道如何過日子。」跛腿的男人並沒有因為失去一條腿而對生活失去希望，他用陽光般的心態驅除內心的失落感、無力感，笑對生活。

對自己充滿信心，不再過度在乎別人的看法與想法。每個人都有自己的能力與生存方式，按照自己的意願生活，我們可以聽取和借鑑別人的建議來把握前進的方向，而不是時刻被別人的想法所左右。不要隨便否定自己，自己都不相信自己，那別人更不會對你有信心了。

學習、充實自己是驅趕內心無力感的最好辦法。活到老，學到老，不斷提高自己的能力，在工作中得心應手，時刻使自己忙碌著，創造屬於自己的價值，人生就會充實精彩。這種狀況下，內心怎麼還會產生無力感呢！

沒有誰的一生都是一帆風順的。只要努力就會有精彩！遇到任何事情要積極對待，及時調整心態，驅除內心的無力感。只要謹記：這一秒不放棄，下一秒有奇蹟。人生難免跌倒和等候，要勇敢地抬頭，陽光總在風雨後！

藉口的實質是推卸責任

「沒有任何藉口」雖然只是一句冷冰冰的標語，但它卻可以刺激一個人最大的潛能。無論是失敗了也好，做錯了也罷，再妙的藉口對於事情本身來說，也沒有絲毫的用處。許多人生中的失敗，或許就是因為那些一直麻醉我們的藉口造成的。藉口的實質是推卸責任。當遇見解決不了的問題時，選擇承擔責任還是選擇找藉口推卸責任，展現了一個人的工作態度。

剛畢業的我們是一個初涉職場、走入社會的「新生兒」。在做任何事前或者失敗後，別再為自己找任何藉口。這些都只是我們為了逃避一時的責任而給自己的心理慰藉。

在職場中，「不找任何藉口」展現出一個人的執行力，一種服從、誠實的工作態度，一種負責、敬業的精神。在公司裡，主管欣賞的是那種想盡辦法去完成任務，而不是去尋找藉口的人。

成功學家格蘭特納說過這樣一句話：「如果你有自己繫鞋帶的能力，你就有上天摘星的機會！」一個人對待生活、工作的態度是決定他能否成功的關鍵。很多人在工作中尋找各式各樣的藉口來逃避責任、逃避困難，時間久了就養成了習慣，這是很危險的。在工作中，如果無法按時完成一項任務，或者是在完成過程中遇到難以克服的困難，此時，唯一能做的就是磨練自

己、提升能力、積極找到解決困難的方法，而不是一味地找藉口、逃避責任。

　　傑克是一家家具銷售公司的部門經理。有一次，他從同事那裡獲得一個訊息：公司高層決定安排他們部門的人，到外地去處理一項非常棘手的事務，要想處理妥善非常困難，所以，他提前一天向公司請假。第二天，上司安排任務時恰好他不在，上司便讓他的助手代為轉達。當助手打他的手機彙報情況時，傑克以生病為藉口，把工作安排給了助理，讓其代表自己配合其他人去處理這項事務，並簡單地交代了處理這項事務的具體操作辦法。

　　結果，助理把事情辦砸了，傑克怕公司追究這件事的責任，便以自己請假為由，聲稱自己不知道這件事情的具體情況，他把一切責任都推給了助手，而且他想這事本來也是助手辦事不利造成的，假若自己來承擔這件事的責任，一定會被降職減薪的，而助理頂多會被罵一頓。讓他沒想到的是，公司高層聽了助手講的事情經過以後，十分生氣，開始對傑克的工作態度產生了質疑，從此，再也沒有給過傑克任何一項富有挑戰性的任務。

　　我們無法改變或支配他人，但一定能改變自己，越是環境艱難，越是勇於承擔責任，鍥而不捨，就一定能消除藉口這條「寄生蟲」的侵擾，遠離藉口的羈絆，藉口其實都是我們自己找

來的，同樣我們也完全可以遠離和拋棄它們。

　　無論做什麼事情，有責任感展現一種態度，展現一種品質，不能找任何藉口去推卸自己必須承擔的責任。錯誤、失敗是不可避免的，發生了就要勇於面對，在失敗中吸取教訓，不斷提高自己的能力。如果在工作中以某種藉口為自己過錯和應負的責任開脫，第一次我們可能會沉浸在藉口為自己帶來的暫時的舒適和安全之中。但是，這種藉口所帶來的「好處」會讓我們在以後遇見問題時不斷地尋找藉口，形成一種找藉口的習慣。這是一種消極的、十分可怕的心理習慣，它會讓我們的工作變得拖沓而沒有效率，最終一事無成。

　　在日常生活中，我們常聽到這樣一些藉口：上班遲到，會有「路上塞車」、「手錶停了」的藉口；考試不及格，會有「出題太偏」、「題量太大」的藉口；做生意賠了有藉口；工作、學習落後了也有藉口……只要有心去找，藉口總是有的。經常用藉口去掩飾我們犯的錯誤，時間久了，你認為別人會相信嗎？別人不但不會相信你，而且會認為你是一個不負責任的人，失去對你的尊重。凡事都愛找藉口的人將注定一事無成。

專注，持續成功的根本力量

專注於一個行業，將業務做到極致，其實是創業成功的精粹。尼采（Friedrich Nietzsche）說：「具有專注力的人可免於一切困窘。」一些企業，開始看似乎凡無奇，但他們因為專注最後成為行業的佼佼者。一個平凡的人，當他把全部精力專注在做一件事時就會散發迷人的光彩。

早在 2000 多年前，荀子在《勸學》中就講：「故不積跬步，無以至千里；不積小流，無以致江海。騏驥一躍，不能十步；駑馬十駕，功在不捨。鍥而捨之，朽木不折；鍥而不捨，金石可鏤。」講述的就是專注的偉大精神。

內心浮躁的人是無法成就大事的。因為浮躁無法讓我們專注，只會對事情抱有三分鐘熱度，行動起來更是「三天打魚，兩天曬網」，最終一事無成。特別是初入職場的畢業生，懷有美好憧憬，決定闖出一片屬於自己的天空。然而，當面對職場的激烈、殘酷競爭時，內心的「美好憧憬」被擊得粉碎，此時他們就會變得驚慌失措，甚至開始懷疑自己，懷疑人生。長久下去，就會迷失前進的方向，失去鬥志，無法專注於自己的人生目標。成功，源於找準了目標並專注於目標，不斷在失敗中總結、提升自己。人生的道路還很長，專注於目標，持之以恆，成功最終屬於你。

　　在電影《阿甘正傳》（*Forrest Gump*）中，阿甘的成功並不是偶然，這個看似頭腦簡單、智商只有 75 的人，在做任何事情時都專心致志，他的人生基調也極其簡單 —— 向前。正是這種專注於某一件事，並長期堅持使阿甘獲得了人生巨大的成功。堅持長跑不僅使他成為美式足球巨星，受到甘迺迪（John F. Kennedy）總統的接見，而且使他在越戰中成功逃生。在越戰中的戰友布巴（Benjamin Buford "Bubba"）不停嘮叨捕蝦的經驗，別人都無法忍受這種嘮叨時，只有阿甘傻傻、默默地聽著，在布巴犧牲後，阿甘忍著巨大的悲痛開始了捕蝦的人生，終成億萬富翁。

　　阿甘的成功給了我們很大的啟示，專注並堅持是每個人獲得成功的內在因素。著名企業家講過：「想在人生的路上投資並有所收益，有所回報，第一件事就是必須在一個方向上去累積，連續地正向累積比什麼都重要。」專注能讓我們更專業，更有突破力。生活中，我們也許並不缺乏才氣和毅力，而是缺乏持之以恆「專注一個目標」的能力，最終與成功擦肩而過，錯過了許多人生美景，留下了遺憾。如果我們能在各式各樣的事情上，多一分專注，多一分堅持，「專注去做事，專注於本職工作」，有一天，我們也會一飛沖天，一鳴驚人！

以強大的勇氣戰勝一切挫折

羅蘭說：「一帆風順固然值得羨慕，但那天賜的幸運不可多得，可遇而不可求。」人的一生總有低潮的時候，例如親人去世、生病衰老、考試落榜，或者是突如其來的打擊。西方人把這種處境稱為沙漠經驗 —— 自己沒有選擇，甚至沒有希望的時期。愛迪生說：「在人生的道路上誰都難免要經歷一段沙漠經驗，要緊的是不能讓自己困在沙漠裡。而這時就需要勇氣。」

勇氣是戰勝一切挫折的法寶，因為有了勇氣才可以披荊斬棘、勇往直前，朝著夢想奮進。在我們受到打擊的時候，只有勇氣能讓我們站起來，也只有它能讓我們有信心面對任何事情。歌德（Johann Wolfgang von Goethe）說：「你若失去了財產，你只失去了一點；你若失去了榮譽，你就丟掉了許多；你若失去了勇敢，你就把一切都丟掉了。」

有一對 12 歲的雙胞胎，寶寶和貝貝，他們都患有「裘馨氏肌肉失養症」（Duchenne Muscular Dystrophy，簡稱 DMD）。這種病症的患者肌肉功能會逐漸喪失，如同黑霧，由四肢向五臟六腑包圍，直至呼吸衰竭而終。患上此病的機率為三十萬分之一。通常情況是 4、5 歲發病，12 歲癱瘓，18 歲死亡。這是現代醫學尚不能有效醫治的一種病症，醫生說他們都很難活過 18 歲。但他們有位不平凡的母親，堅強的精神、樂觀的心態和無

比強大的勇氣支撐著她全力以赴為孩子四處奔波，尋醫找藥，從電線桿廣告到國外醫療資訊都不肯放過，因為她堅信「一定會有辦法」，所以「我必須在體力和精神上做好準備」。

這原本該在學校裡讀書、在操場上玩耍、在父母懷裡撒嬌的兩個孩子非常勇敢，比同齡人懂事許多，他們對媽媽說：「沒事的，我們相信奇蹟終會出現的。」最終他們活了下來，如今，他們已經20多歲了。這位母親的勇氣令我們敬佩，因為她的勇氣創造了奇蹟──讓兩個孩子活了下來，也正是由於她的勇氣戰勝了生活中的一切困難。

剛畢業的大學生們，離開學校進入社會開始一種截然不同的生活，也是人生的一大轉折點。為了生存，我們就必須擁有面對現實的勇氣，戰勝困難挫折的強大決心，生活不可能總是一帆風順。在學校，或許我們成績優異受到老師的表揚；在校園活動中，或許我們表現得十分突出受到同學們的敬佩。然而到社會中，工作了，我們會感到有些吃力，在學校學到的一切知識和技能都無法完全支撐現在的工作。在工作中遇到很多挫折與困難，弄得你心力憔悴。久而久之，就會產生一種逃避、害怕的情緒。此刻，我們最需要的就是勇氣，勇敢面對挫折的氣魄，戰勝困難的信念。如果，我們連戰勝挫折的勇氣都沒有，何來以後的發展與成功呢？

大學生甘願「賣豬肉」、「做腳底按摩師傅」、「做修鞋匠」等

新聞經常成為人們關注的焦點。我們被這些人的行為震驚的同時，也不得不佩服他們的勇氣。他們勇敢的轉變，解決了自身就業困難的問題。他們既然有勇氣做出這樣的決定，相信他們也有勇氣面對工作過程中的一切挫折。

靖宇畢業於一所之名大學，學的是英語。畢業後，他到了一家物流公司上班，被安排管理倉庫，一段時間後，他發現自己根本不喜歡這份工作，而且薪資非常少，所以他辭職了。隨後，他去了多家單位應徵翻譯，卻屢次碰壁。於是，他做出了驚人的決定 —— 到馬路上推銷自己。他來到大公司雲集的商業區，站在街頭，見人就發自己的履歷。別人都用異樣的眼神看他，但他卻從中找到了挑戰自我的勇氣，獲得了勇於面對逆境的信心。期間，一位過路的中年男子看到了靖宇的履歷，他有些懷疑，靖宇馬上掏出身分證、畢業證書證明自己，並向對方介紹起自己。這位中年人被靖宇的勇氣打動，他給了靖宇一張名片，並邀其到自己的公司去上班。靖宇說，他已經在十字路口站了兩天，有七八位過路的公司老闆主動邀請他去公司工作。

年輕人，尤其是剛畢業的大學生，在求職的過程中難免受到挫折，但是信心和勇氣不可丟，用適當的方式推銷自己，為自己爭取更多的機會。

生活中總是伴隨著苦難與遺憾的。也許，前方的藍天被烏雲所遮擋；也許理想的小船擱淺在現實的海灘；也許我們在大

海中迷失了方向；也許我們前進的道路荊棘叢生；也許幸運之神將我們拋棄，也許……但只要相信眼前的一切只不過是上天對我們走向成功的一種考驗，欣然地接受它。我們要知道，在逆境中不是一切大樹都會被暴風折斷；不是一切種子都找不到生根發芽的土壤；不是一切夢想都甘願被折掉翅膀。暫時的逆境不算什麼，只要我們有戰勝困難的勇氣，我們一定會走出逆境，達到成功。

突破思維之牆，綻放你的智慧之花

有一位教授給自己的學生出了這樣一道題：一位聾啞人到五金行買釘子，先用左手作持釘狀，捏著兩隻手指放在櫃檯上，然後右手作捶打狀。店員先遞過一把錘子，聾啞人搖了搖頭，指了指作持釘狀的兩隻手指。這回店員明白了，給他拿了釘子。這時候，又來了一位盲人顧客，「同學們，你們能否想像一下，盲人如何用最簡單的方法買到一把剪刀？」教授問他的學生們。有位學生舉手回答：「很簡單，只要伸出兩個手指，模仿剪刀剪布的模樣就可以了。」這個學生答完，全班同學都表示同意。這時候，教授說：「其實盲人只要開口說一聲就行了。記住：一個人一旦進入思維的死角，智力就在常人之下。」

同學們被老師的故事帶入思維定勢的死角。他們覺得聾啞

人比劃買到了釘子，所以想，盲人怎樣比劃才能讓店員明白他要買什麼。其實，聾啞人不能說話，要讓人明白自己的意思只能比劃；而盲人只是看不見，但會說話，只要說「我想買剪刀」就可以了，根本無需用手比劃。大學生們在學校接受一系列高等知識教育，雖然很廣泛和深奧，但學生們只是一味地接受理論知識，沒有實踐的機會，逐漸形成固定的思維模式。當他們走出校園，踏入社會後，這種固定思維模式就會阻礙其前進的腳步，禁錮創新思維的伸展。所以，一定要突破思維的固定模式，盡情綻放智慧火花。

人們在生活中逐漸累積的經驗和習慣，漸漸沉澱成一定的思維模式，在平時思考問題時，這種模式就會自然浮現出來。一方面它可以幫助我們駕輕就熟地解決某些現成問題，認識某些相似的事物等等。另一方面，它也可能成為一種桎梏，妨礙我們進行創造性思考。這種思維模式就是「常規思維」，即心理學上的「定勢效應」。它在相當程度上會影響我們對問題的思考。因為我們對一些問題有了認識後，再思考其他問題就會受到先前思路的影響。

進入社會，走進職場，固定的思維模式是無法讓我們在社會競爭中生存下來的。我們在腦海中一旦形成一道思維之牆，會讓自己寸步難行，看問題走不出固定模式的限制，而一直在原地徘徊、踏步，最終一事無成。因為，我們不會改變思維方

式，從另一個角度去尋求解決問題的方法，更不會去創新，嘗
試新的東西。世間的萬物變化無常，並不是固定不變的，於是
人們的思維方式也要隨之改變。大學期間所形成的思維模式，
只是解決表層知識的簡單模式，而這種不與時俱進的簡單模
式，不適合瞬息萬變的時代。在社會中生存，需要的是實踐能
力、解決根本問題的技巧，這並不是「投機取巧」。

　　每個人都在不同程度地被自己的習慣和慣性思維所左右。
例如，人們上班時總是習慣走一條固定的路線或是乘坐固定
的某號公車，出差時喜歡住在自己熟悉的飯店等等。道理很簡
單，因為他們相信經驗，害怕改變，擔心這種改變會為自己帶
來不必要的麻煩。但遺憾的是，人們的這種習慣，實際上並非
最佳的選擇。在職場中，特別是新人，換了一個又一個的公司
總是覺得難以適應，原因就在於他們總是將以前公司的文化和
處事方式，或是大學裡養成的處事習慣，拿到新公司裡來套
用，結果處處碰壁。事實上，不是我們現在的公司不夠理想，
而是我們不能突破和改變固有的思維習慣和行事的方式。

　　每個人的潛力都是無限的，智慧也是無法估量的。有時
候，你的潛力無法激發出來，你的聰明智慧也發揮不出來，就
是因為你把自己的思想禁錮在一道牆之內，而那道牆就是長久
以來所形成的思維模式與方法。年輕有朝氣的大學生們，充滿
了活力與激情，都想施展才能創造自己的價值，那就更要打破

思維之牆的阻擋，才能釋放智慧，完成自己的夢想。

一次，某公司在外地舉辦活動，然後到一家新開的商場參觀和購物，一時間一樓擠滿了人，大家都按常規排著隊循序漸進地從一樓開始購物，而有幾個人卻迅速爬樓梯到最高層，躲開人群最多的地方，從上往下逛。這就是打破常規的做法，當那幾個由上而下參觀和購物的人和大多數由下而上的這些人再碰到一塊的時候，那幾個人已經將參觀和購物完成了四分之三，而大多數的人僅完成四分之一。突破思維之牆，你就會離成功越來越近。

能夠把一個人限制住的，只有他自己。人的思維空間是無限的，像迴紋針一樣，至少有一萬種可能的變化。也許我們正被困在一個看似走投無路的絕境；也許我們正圍於一種兩難抉擇之間。此時，我們一定要確信，這種境遇是暫時的，只要我們勇於創新，突破定勢思維的束縛，綻放智慧火花，就一定能夠找到一條跳出困境的出路。

溝通與合作是你走向成功的推進器

人並不是作為單獨個體而存在的，他與周邊的任何事物都有連繫，無法完全分割開來。所以，溝通與合作就成了一個人

在社會中生存立足的根本之道，更是走向成功的推進器。

　　溝通是人與人之間、人與群體之間思想與感情的傳遞和回饋的過程，以求思想達成一致和感情的通暢。溝通是人與生俱來的本能，與父母的親情交流，與同學之間的友情互通以及職場中與同事、主管的和諧相處，都離不開溝通交流。不然，我們會被整個社會隔離、拋棄。溝通並不是單方面的，而是雙方甚至多方共同完成的，合作則是溝通的目的。只有順利有效地完成溝通，才能進行合作，完成任務。

　　其實，大學就是社會的一個縮影。一旦進入大學，就猶如進入了社會，必須面對來自不同地方、有著不同風俗習慣的同學，要逐漸習慣和他們一起生活、學習，建立和諧的大家庭。此時，溝通與合作就是最基本的相處之道。宿舍、班級、社團，無論你在哪裡，都需要溝通與交流。學校裡的學生會和各個社團，在一定程度上為同學們提供了交流合作的平臺，也為他們走進社會做了鋪墊。然而，學校的圈子畢竟較小，同學們在一起溝通交流的話題、合作的人有限，沒有太大的挑戰性與競爭性。可是，一旦離開校園，踏入職場，一切都是截然不同的。那時，溝通與合作的能力，就是一個人在職場中生存立足的根本，更是成功不可或缺的條件。

　　安琪是電腦公司客戶服務部的助理，由於公司上上下下男同事較多，安琪無形中成為一眾人競捧的「花」，再加上個性外

向活潑，更被看作是公司裡不可或缺的人。可因此也生出了不少是非，不久一些負面的話語便充斥了整家公司，安琪成了人們議論的焦點。最可悲的是，和安琪交往了 3 年的男友因為這些議論，與安琪開始冷戰。安琪因此極為苦惱，想在這家公司做出一點成績的想法被淹沒了，無奈只好早早收兵，離開這一是非之地。安琪之所以遇到這樣的困境，就是因為她未能處理好和同事的關係，而為自己惹來不少是非。其實，這也是初入職場的大學生們經常會遇見的問題。有好多大學生正是缺乏這類與人相處的能力，導致在職場上發展得不順利。

每年的 6 月、7 月都是應屆畢業生最忙碌的時候，奔波於各種應徵會、準備履歷、參加考試、參加面試……可結果總是幾家歡樂幾家愁，有些畢業生順利地找到了心儀的工作，而有些人參加了很多面試，結果卻得到「對不起，你不太適合我們這份工作」的回覆。造成這種差距的原因有很多，但自身是否具備職業核心能力是其中不容忽視的一項。許多用人單位表示，大學裡的專業技能固然重要，但是當代大學生如何與社會溝通、融入社會也是一個不得不思考的問題，許多學生缺乏融入社會、進入職場的基本能力和核心競爭力。因此，如果一個大學畢業生具備創新、團隊合作、職業溝通、管理與自我管理等職業核心能力，無疑會成為他進入職場闖蕩人生的利器。可見，溝通與合作的能力是多麼重要，它是你成功的推進器。

在一家企業中，作為一名員工，每天與之打交道最多的是其所在的團隊，而不是龐大的企業整體。相對於整家企業來說，團隊內部員工的技能互補性更強，任務的完成更需要彼此之間的密切合作，因此，員工在團隊內的重要性更為明顯，其團隊意識也就更強烈。一位優秀的員工，必是一位善於交流溝通、懂得合作的員工。只有這樣的員工，才會得到同事的肯定，得到主管的賞識，從而逐漸走向成功。

溝通是新世紀的通行證，而合作則是新世紀的社會準則，它們是一個永恆的主題。21世紀是資訊共享的時代，沒有一家公司或個人能夠擁有他所需要的全部資源，並獨自完成所有的事情。社會分工越來越細密，對溝通與合作要求就越來越高，每一個人，每一家公司與周邊的事物都需要溝通，進而達成合作，溝通與合作已成為一體，被提到了前所未有的高度上。個人的成功對他溝通與合作的能力提出了前所未有的要求。成功青睞於那些懂得如何把握各種人脈資源，從而為自己所用，然後利用創新性和多樣化合作創造奇蹟的人。一旦離開學校，開始職場生活的「菜鳥」更是要意識到溝通與合作的重要性與必要性，為以後的成功打下堅實的基礎。

戴爾·卡內基（Dale Carnegie）曾說過：「與他人進行有效溝通，並且贏得與他人的合作機會，這是那些要使自己的事業上升的人們，應該努力培養的一種能力。沒有這種能力，你只能

在職場中成為一個碌碌無為的『小丑』，羨慕別人的生活，而對自己的夢想可想而不可觸及。」這番話也充分說明溝通與合作對一個人走向成功是極其重要的。

第 *8* 章
你為什麼總是面試失敗？

面試是對你情商的一場考驗

　　情商主要是指人在情緒、情感、意志、挫折耐受力等方面的控制指數。而面試是一種經過精心設計，在特定場景下，以考官和考生的面對面交談來觀察考生，由表到裡測評考生的知識、能力、經驗及其他相關素養的一種考試方式。面試的過程很複雜，包括初試、複試、最終面試等多個流程，每道流程都是對應徵者一種嚴峻的考驗，不僅包括對智商的考驗，情商更是考驗的重點。我們以往認為，一個人能否在一生中取得成就，智力高低是第一重要的，即智商越高，取得成就的可能性就越大。但現在心理學家們普遍認為，情商的高低對一個人能否取得成功同樣起著重大的作用，有時其影響甚至超過智力。

　　對於沒有多少工作經驗的大學畢業生而言，面試單位更關心你對工作、對組織（或公司）所持有的態度，還會透過不同方式和各種技巧的提問判斷你的做事風格，這些濃縮起來就是你情商的表現。面試給公司和應徵者提供了雙向交流的機會，能使雙方增加相互了解，透過主客觀的綜合評分得出應徵者與職位的匹配程度，然後在眾多面試者中排序擇優錄取。面試中，應徵者提出的各種問題或者遇到緊急的狀況，大多存在考察應徵者某方面特質的傾向，即便是用人部門主管參加面試時與應徵者的閒聊，都是對其考察的一種。所以，畢業生在面試的過

程中，千萬不要忽視情商的作用。一般而言，只要智商不是特別低或特別高，它在面試錄取中不會起決定作用；而如果性格孤僻、不易合作、自卑、脆弱、不能面對挫折、急躁、固執、自負、抱怨、情緒不穩定等，這些都會讓你在面試中處於劣勢。

　　春節過後，應屆畢業生丹丹經歷了這樣一場「噩夢」：經過重重考驗，終於「殺入」一家知名會計師事務所的最後一輪面試。在面試現場的英文小組討論中，丹丹覺得該使出「殺手鐧」了，她用流利的英文和自信的語氣開始「連珠炮」般地發言，其他應徵者基本沒有插嘴的機會。丹丹自我感覺很不錯，然而幾天後，她等來的卻是一封「感謝信」。關於丹丹失敗的原因，這家知名會計師事務所的負責人表示：丹丹在面試過程中太過於表現自我，而忽視了團隊中的其他應徵者，沒能領會到團隊精神。

　　從總體上看，大學畢業生在學歷、專業、經驗等硬性要求上不會存在很大的差異。而企業想知道的是，你願不願意在我這裡工作，願意做多久，願意付出些什麼，這些隱藏在硬性要求背後的東西往往是企業更關注的，還有你的個人特質是否適合所應徵的職位。對自己認識模糊，對職業認識模糊是很多人沒有真正意識到的問題。這些問題看上去和求職之間沒有太大關係，可這些東西在影響著我們的表達方式，影響著我們面對工作的態度及面試時的情緒傳遞。無論你在大學時期是多優秀的學生，進入社會都是重新開始，優秀的學生在面試時不一定

就獲取優待，大學的經歷不能完全作為判斷一個人職業能力與行為的標準。

　　有很多大學生，每天忙於投遞履歷、參加面試，屢屢碰壁後，自己情緒越來越低落，對自己越來越沒有信心。有些大學生除了存在眼高手低的求職狀態，還存在過於重視個別性的面試機會，而忽視了整體環境的情況。在行業分工越來越細，企業內部的分工也越來越細的今天，不同性質的企業也會有所差異，即便是在相同行業中，業務流程相同的企業之間，在職位定位上也有所不同。因此，你需要了解將要應徵職位的基本要求、業務要求、工作能力及態度方面的要求，並且為此做好充分準備。

　　甲和乙是大學同學，畢業一起去找工作，參加了同一家企業的徵才說明會，應徵同一個職位，甲面試完了覺得一切都很不錯，乙面試完以後感覺卻不是那麼好，面試官是同一個人，交流的問題基本也是一樣，他們倆都覺得一定是甲被錄取，可恰恰相反是乙接到錄取通知書。如果大家都做好了充分準備，就不要在意那些你控制不了的東西，不必為此煩惱，更沒必要沮喪，說明你和這個職位無緣。你所要做的就是珍惜這一次學習鍛鍊的機會，以及一些情商教育的實際體驗。

　　很多大學生把：「開心」當作工作的全部，難以接受新的挑戰，沒人會認為從新挑戰新壓力中可以獲得「開心」。學校和家

庭的舒適圈導致大學生自我成長意識的過度斷層，一旦遇到壓迫性的面試問題，就不知該如何面對。

　　其實，當此之時，千萬不要畏懼失敗，這是在給你的情商補課，因為每次失敗都在孕育新的成功。

履歷 —— 簡潔地說明問題

　　履歷是求職的敲門磚。作為畢業生成功求職的通行證，很多人剛開始絞盡腦汁地把它做得眼花撩亂。這些從封面到排版都經過精心設計的履歷，一看就知道「造價不菲」，可這樣的履歷真正能發揮多少作用呢？

　　履歷的真正作用是讓別人在最短時間裡了解你，傳遞屬於你的真實資訊，絕不是華麗的外在表現形式。求職時，書寫履歷是我們的第一項工作，把與你背景和工作相關的資訊，清楚簡要地寫出來，突出重點就好。寫好一份履歷，我們求職就已經成功了一半。對於公司來說，在沒有看到人的情況下，履歷就代表了你這個人。有些人投了幾十份履歷卻收不到一份面試通知。因為他們只是簡單地利用一張 A4 紙做了一個自我介紹，完全忽視履歷在面試中的重要性及其作用。只有一份格式完美、形式簡潔、內容詳實、重點突出的履歷，才會為你贏得更

多的面試機會，求職成功的機率也會大大提高。

其實，在畢業找工作前，同學們都在絞盡腦汁地準備自己的履歷，找範本、尋範例，網路上充斥著各種履歷範本及寫作規則讓同學們的履歷失去了個性，千篇一律。還有的同學把履歷寫成了自我吹捧的抒情散文，過於突出自己取得的每一項成就，這些八股文似的履歷在求職競爭中不僅不能幫助求職者脫穎而出，反而會使原本有個性的求職者因為這樣泛泛而談的垃圾履歷失去面試的機會。

在現場徵才說明會上，在任何企業的展臺前都堆積著厚厚的履歷。怎樣才會讓應徵人員注意到你的履歷，給你帶來一份難得的面試機會呢？此時，你的履歷需要些許創意，就能使其突出與醒目、「鶴立雞群」，吸引應徵者的眼球，從而獲得面試的機會。

某大學的小林喜歡書法，是學校書法社團的主力成員，自己的硬筆和毛筆書法作品在各地都曾獲過獎。怎麼能夠在履歷上展現自己的優勢呢？小林別出心裁，分別用毛筆和鋼筆書寫了兩份履歷，將毛筆履歷直接懸掛在徵才會現場，鋼筆履歷則是影印了很多份，供有意向的用人單位閱讀。結果才一個多小時，他便被一家知名企業應徵主管看中，直接錄用為總經理助理，並給出相當優厚的薪資待遇。某科技大學的小薛則把履歷印成一副副撲克牌，裡面有自己寫的詩歌、散文、歌詞，還有譜的曲子等，充分展示他的才華。小薛的撲克牌很受歡迎，他

很快找到了用人單位，找到了一份心儀的工作。另一位科技大學的同學更是「以奇致勝」，他把履歷製作成為手提袋，裡面裝的是他在校期間的各種獲獎證書影本，手提袋的設計製作相當精美，富於個性化，不用擔心被人隨手扔掉，他最終被兩家大型設計企業都相中。

　　他們的求職履歷個性、富有創意，最終得到應徵單位的賞識。然而，這僅限於那些學設計專業的同學，因為他們的這種創意也是展示自己專業能力的一種方式，而對於其他專業和那些沒有特長的人來說，履歷不能太過花哨，成為「奇葩」。履歷的主要功能是向未來的僱主表明自己擁有能夠滿足特定工作要求的技能、態度和資質。過於浮誇、不著邊際，沒有內涵的履歷，並不能贏得徵才人員的賞識，只會讓他們反感。

　　可見，履歷的創意還是要把握一定的分寸，找對方法與方向，這樣，創意才會使我們的履歷變得與眾不同。也許有的求職者會說，在參加徵才會之前，我並不知道會有哪些企業，也沒有針對性，就只能簡單地做幾份不同的履歷備用，履歷也就沒有了個性與創意。其實，求職者在製作履歷前，可以根據自身的專業、目標行業、目標企業、目標職位等幾個方面，製作有創意的求職履歷。履歷的創意要把握方向，要結合企業和自己的具體情況，切不可偏離目標，能為你贏得面試機會的履歷就是成功的履歷。

抗壓能力差，注定被淘汰

抗壓能力就是在外界壓力下處理事務的能力，也可以稱為抗挫力，其實就是面對外界壓力與挫折時的抵抗能力。每個人的抗挫、抗壓能力都不同，這跟一個人的心理素質有關。抗壓能力的高低會影響一個人的生活與工作。一個人的抗壓能力越高，他越容易適合社會。所以說，提高抗壓能力是非常有必要的。所以，企業在應徵時也要綜合考慮應徵者的抗壓能力。在面試時，企業會透過談話、測試等方式考驗應徵者的抗壓能力如何。當然，抗壓能力差就注定會被淘汰。

隨著時代的發展，社會的進步，大學生們面臨著更加激烈的就業競爭。每年都會有大量的畢業生找不到工作，也有很多企業應徵不到合適的人。企業在應徵時，除了工作經驗、教育背景、個人能力等，抗壓能力也成為企業衡量求職者的一項指標。

在一系列的面試流程中，主考官不僅要考察應徵者在面試過程中的抗壓能力如何，更重要的是透過面試考察他是否具備抵抗工作壓力的能力。時下有一種很生動的說法，稱那些表面光鮮，而對環境和生活缺乏承受能力的人群為「草莓族」。大學畢業生中獨生子女相對較多，在學校只是學習理論知識而缺少實踐機會，沒有承擔工作壓力的準備，也沒有長期堅守一個工

作職位的韌性。這些「草莓族」在企業設定各種面試流程中，馬上會暴露出自己抗壓能力差的缺點，因此遭到淘汰。

「面試恐懼症」是面試時抗壓能力差的一種表現。畢業生在面試時要面臨層層篩選，在心裡就會產生一種恐懼感，再加上這種競爭激烈的場面，自然會給一些不夠自信的求職者帶來心理上的壓力。面對主考官的各種犀利的提問就會表現得緊張、恐慌，語無倫次。此時，留給主考官的印象就是：面對壓力不夠淡定、容易慌亂，在以後的工作中恐怕無法承擔重任。最終的結論就是，抗壓能力太差。

王傑是剛剛畢業的大學生，整天都在為面試發愁。因為他已經參加了好幾家企業的面試都沒有回音，他失敗的主要原因是他有「面試恐懼症」。每次面試，他都會在前一天晚上做足準備，複習專業知識，還找一些相關的數據作為補充，希望能夠順利透過面試官的考察。雖然他準備充分，但是抗壓能力卻很差，只要一想到第二天的面試就緊張、害怕，甚至睡不著覺。為了平復內心的恐懼，他反覆告訴自己已經準備充足不用害怕。

第二天面試，王傑本來還是很有信心的，但是一進房間看到面無表情的主考官，他就開始緊張。主考官看完王傑的履歷問道：「我對你只是有了一個淺層的了解，你能否簡單地對自己做個評價。」聽了主考官的問題後，王傑開始猜測：他想了解什麼，為什麼只問這麼簡單的問題，他接下來還會丟出什麼樣的

問題呢？一連串的與問題毫無關聯的猜測讓他的頭腦突然一片空白。他很不自然地笑了笑，努力回憶那些事先準備好的「臺詞」。他非常緊張，有點坐立不安，不知道該從何說起，最後斷斷續續地說了幾句，結果可想而知。

不想在面試中被淘汰，我們就要提高自己的抗壓能力。

首先，我們要轉變自己的心態。在參加面試時，就應該抱著自己完全能夠勝任這份工作，並且順利通過面試的心態，顯示出「我能做到」的自信。求職的重點並不在於「求」，而是在於「職」，你在找工作的同時，用人單位也在找可以為其創造利益的員工，這是雙向選擇。在正確認識自己的能力和對工作要求、待遇等都有合理預期的情況下，才能擁有自信。擁有這種心態，在面試中，面對考官的各種考驗，我們都要輕鬆自如地應對，化壓力於無形之中，抗壓能力自然能夠提高。

其次，在面試前面對鏡子，然後深呼吸，微笑著對自己說「我能做到」，給自己一個勝利的表情，舒緩內心的緊張。我們還可以嘗試著進行換位思考，即我們要去理解那些主考官，他們只是在尋找適合企業的人而已，無須對他恐懼，再想想如果我自己是考官的話，會問一些什麼樣的問題，最想了解求職者哪方面的資訊等等。這樣就可以減輕我們對面試的恐懼感，增強自信心，無懼壓力的存在，從容地進行面試。

　　企業對抗壓能力的考察不僅看應徵者在面試時的表現，更要從中觀察其能否在以後的工作中具備抗壓能力。面對壓力，只會一味害怕、逃避的人終究一事無成。其實，不少大學生也承認自己「抗壓能力比較差」，但在他們的意識裡造成「差」的原因，不是自己缺少磨練造成心理素質較差，而是就業的激烈競爭和環境的改變所致。其實這樣的想法大錯特錯。抗壓能力是職場發展的墊腳石，只有抗壓能力提高了，你才可以在未來的人生道路上大跨步前進，而抗壓能力差的人，在一開始就被絆倒，甚至還未開始前就已被淘汰。

面試中要做到真誠靈活

　　面試是我們進入職場的第一道門，也是關鍵的一步。面試的重要性不言而喻，特別是在激烈競爭的就業環境中，面試成為一個人在職場是否成功的關鍵，於是也有很多人患上了「面試恐懼症」。面試作為進入職場的第一道關口，這對於剛剛從大學校門走出來的、缺乏社會歷練的大學生而言也會有一種壓迫感與恐懼感。這就要求我們必須提高心理素質克服恐懼心理，在面試中能做到不慌不亂、隨機應變。

　　現在，很多企業在應徵時會採用一些方式來考查求職者是否具有靈活多變的能力。

　　阿華和阿莉同時應徵某公司業務助理一職。面試前，她們似乎都「胸有成竹」，可是在面試過程中，阿華因為應變能力不足痛失了一次機會。

　　當面試輪到阿華時，她走進經理辦公室，腦子裡想的全是如何回答經理的提問。可是，經理並沒有像阿華想像的那樣急於提問，而是面帶微笑地看著她，然後一直盯著履歷看。阿華不知道這位經理的葫蘆裡賣的是什麼藥，有些不知所措，不免緊張起來，也不敢正視這位經理。最後，這位經理終於開口向阿華提出了幾個和工作有關的問題，便叫她出去等候通知。

　　輪到阿莉面試了，經理同樣面帶微笑不主動提問。阿莉見狀「主動出擊」改變被動局面。她首先介紹了自己的基本情況，逐漸把重點轉移到自己精通的專業知識上。在交談中，這位經理不斷地穿插一些和工作有關的問題，阿莉都清晰地做了解答，面試的氣氛一下子變得輕鬆活躍起來。這位經理給阿莉的評語是：談吐清楚、頭腦靈活、反應敏捷，還在後面打了個「＋」號。阿莉面試順利過關了。

　　阿莉能夠面試成功，關鍵是她在面試過程中能夠靈活應對狀況。在競爭激烈的職場中，真誠靈活是求職者必須具備的能力。沒有一家企業會喜歡墨守成規不會靈活變通的員工。在工作中，只有打破陳規、面臨不同狀況做到隨機應變，任務才能順利、完美地完成，個人成長也會更快。在面試過程中，主考

官一般處於主動位置，尤其是面談沒有固定的模式，隨時都會發生你所料想不到的情況，靈活恰當、冷靜沉著地處理一些狀況，特別是主考官故意出的難題，做到以不變應萬變。

在面試中，為了給主考官留下好印象，面試過程中考生總是竭力表現自己的長處，掩飾自己的不足，你現在是否也是這種心態？面對壓力式的問題，主考官更關注的不是考生回答了什麼，而是怎樣回答，面對「百般刁難」考生又是如何靈活應對的。

在應徵的過程中，用人單位為了能夠招到具備高能力、高情商的員工，他們在面試中增加一種應變能力題，問題往往針對考生回答某一問題的答案，再提出較為尖銳的問題，以考驗應徵者情緒穩定性、自我控制能力、反應力、應變力、自我認知能力等綜合能力。此時，考生應控制情緒，面對考官的「刁難」可以打破陳規隨機應變，創造性地完成面試。當考官提出「你最大的缺點是什麼」、「你最容易招致批評的地方是什麼」等較為尖銳的問題時，這可能是在測試你的臨場應變能力，試探你在壓力狀態下如何處理問題和接受批評的態度。這時，你要應臨危不亂，真誠回答，盡量化被動為主動。總之，在面試中的回答要能展現出你機智、靈活，這樣考官會認為這位考生不僅處變不驚，且有化解壓力與緊張氣氛的能力。那麼，你就會給面試官留下好的印象，離成功更近一步。

保持樂觀自信，激發內心的正能量

樂觀自信是一種積極的人生態度，無論逆境還是順境，保持樂觀與自信、激發內心的正能量是前進的強大驅動力。人的內心好比一座「能量場」，既隱藏著自信、豁達、愉悅、進取等正能量，又暗含著自私、猜疑、沮喪、消沉等負能量。我們能否成功，主要取決於這兩種力量此消彼長的關係。我們時刻在追求夢想，追逐成功，樂觀自信的正能量才是我們應該擁有的人生態度。

正能量已經上升成為一個充滿象徵意義的符號，與我們的情感深深相繫，代表著一種積極樂觀、充滿自信、使人上進、給人力量、充滿希望的能量。如今，越來越多的人喜歡用「正能量」來引導自己。特別是在職場中，當有人遇到挫折、心情不快時經常有人站出來說：「換個話題，來點正能量的……」

那麼，在面試中，我們更應該保持樂觀自信的心態，傳遞給對方一種正能量。

對於剛剛離開校園踏入社會的大學生而言，面試是那麼重要，是找到一份合適的工作實現夢想的關鍵一步。然而，面試還沒有開始，很多人的信心大廈就已經倒塌。他們知道面試的重要作用，因而無限度地誇大面試中的每一個因素，把每一個因素都當成難以踰越的「大山」。結果，他們不戰而敗，棄甲

投降。一旦對自己失去信心，消極態度占據內心，一步一步地踏入自我設定的陷阱中，就無法激發內心的正能量理性地判斷事物。

在面試中，面試官會先做好充足的準備，知道自己需要什麼樣的人，這些人又需要具備什麼樣的綜合素質，於是設計一系列的問題來考察應徵者。應徵者在面試中難免會出現一些緊張的情況，讓自己出現信心不足、消極的狀態。此時，應徵者要暗示自己，保持樂觀自信，並發揮滿腔的正能量，把自己的綜合能力表現出來。應徵單位在面試中會根據具體職位的需求從各個方面考察應徵者。也許我們有很強的專業技能，但是應徵的職位會要求有一定的人際關係交往能力、協調能力以及和員工間的溝通能力。所以，在面試中我們要引出內心的正能量，認清考官的真實意圖，從而可以輕鬆地掌握對方的心理，全面地推銷自己。

面試前，應徵者可以把面試官想像成自己的上司，把競爭者設想為自己的同事，帶著「我行，你也行；我好，你也好」的心態去進行準備，使自己保持一種積極、樂觀進取的精神狀態，內心充滿正能量，才能在職場中立足。

許多年前，一位年輕女孩透過樂觀自信的態度，應徵到紐約市第五大街的一家裁縫店當打雜女工。正式上班以後，她經常看到女士們乘著豪華轎車來到店裡試穿漂亮衣服。她們穿著

講究，舉止得體。年輕女孩想：這才是女人們應該過的生活。一股強烈的「正能量」從她的心中升起：「我也要當老闆，成為她們當中的一員。」

　　於是，每天開始工作前，她都要對著那面試衣鏡很開心、很溫柔、很自信地微笑。雖然只穿粗布衣裳，但她想像自己是身穿漂亮衣服的夫人，待人接物落落大方、彬彬有禮，深受那些女士們喜愛。雖然只是一名打雜女工，但她想像自己已經是老闆，工作積極投入、盡心盡力，彷彿裁縫店就是她自己的，因此深得老闆信賴。

　　不久，就有許多客戶開始向老闆誇獎女孩：「這位年輕女孩是你店中最有頭腦、最有氣質的女孩。」女老闆也說：「她的確很出色。」又過了段時間，女老闆就把裁縫店交給女孩管理了。漸漸地，女孩有了一個響亮的名字 ——「安妮特」，繼而成了「服裝設計師安妮特」，最後終於成了「著名服裝設計師安妮特夫人」。

　　正能量具有無窮的潛力，樂觀自信就是它的突出表現。安妮特夫人在職場中，始終保持著樂觀自信的處世態度，激發、傳遞著內心的正能量，慢慢走向人生事業的頂峰，讓人敬佩。所以，我們在面試過程中，若遇見意想不到、被百般刁難的狀況時，你不應該退縮與逃避，或對自己失去信心，而是要樂觀積極地迎上去釋放無限的正能量，化解身邊的每一個「意外」。

不一定要說服面試官，但要做到有效溝通

當聽到面試的人資對她說了一句：「你回去等訊息吧，有消息我們會通知你。」Sunny 知道自己這次面試又「沒了」。

Sunny 感覺自己的面試技巧非常糟糕，每次不是被人資問得發楞，就是與人資很快就「相對無言」、沉默冷場，這樣的面試結果就可想而知了。Sunny 知道自己性格內向，所以更願意接受一問一答的面試方式。發現這種方式效果欠佳後，她就打算改成自己主動出擊，積極與人資溝通的方式，但又經常會被人資打破砂鍋問到底，很多自己不想說的東西都被問到全盤托出，結果更糟糕。Sunny 真的很苦惱，到底應該如何和人資交談呢？

其實，在面試中如何與面試官進行有效溝通，是每一個應徵者的困惑點。在應屆畢業生投遞的各種履歷中，幾乎都寫著自己具有良好的溝通技巧等。把溝通能力寫進履歷中已成為一種模式，但是在面試過程中面試官都會針對其溝通能力進行專業考查，能夠與面試官有效溝通，增加雙方彼此的了解，明白對方的表達，那麼面試就極有可能成功。我們想透過面試，得到應徵公司提供的適合工作職位，如果我們有能力，對方定會發現你是匹「千里馬」，但是絕對不可以在面試中堅持所謂的「執著」，費盡心思地去說服面試官。其實，這種做法是極端錯誤的。在面試中，我們不一定要說服面試官，而是要做到有效

溝通，給面試官留下好的印象。

　　在面試中，尤其應屆畢業生經常出現兩個極端，要麼麻木應對，要麼口若懸河、喧賓奪主。有的人上來就一言不發等著面試官「審問」；有的人則是面試官還沒問完就立刻接過去。很多人認為溝通是隨機的，無法提前準備，其實溝通技巧和能力不是一朝一夕可以練好的，需要我們在平時的生活、學習和交往中慢慢練習。這樣，我們才能在面試的過程中做到與面試官有效溝通。如果剛開始沒有把握好溝通氣氛，到最後面試官基本上已經失去溝通的興趣了，甚至草草收場，這樣的面試成功機率就很小。

　　在面試過程中，我們和面試官做的事情是相似的，面試官做的是問、聽、察、析、判；我們做的是聽、答、察、問、析和判，聽的是面試官的問題，回答的是答案，察的是面試官的表情，問的是未來企業的情況，析的是面試官的心理，判的是面試的結果。

　　聽是溝通的基礎，只有聽清楚了問題和對方話中的含義以及問題背後的問題，才能說出較好的答案。答案一定要展現自己的邏輯思維，不要一味侃侃而談，在溝通的過程中要密切關注面試官的表情神態，分析對方心理，隨時判斷面試情勢，把面試帶領去好的方向，即便出了問題也要隨機應變想盡辦法起死回生。

　　溝通過程是雙向的，即自己所講的內容對方要能聽明白，對方講的話自己也要聽懂，這才能稱為有效溝通。面試對話中應該注意，因面談時間有限，回答要簡明扼要，切勿高談闊論，但回答也不能過於簡略，只用「是」、「好」、「對」、「沒問題」等字眼帶過也不可取。

　　其實，考官的提問並非漫無目的地隨意詢問，而是在暗中考察求職者的性格、能力、素養等，因此求職者必須要注意解讀考官的意圖，如果不能確定，應請求對方將問題重複一遍或者向對方求證：「如果我沒有聽錯的話，你的問題是……嗎？」以免文不對題給出不適當的回答。面對問題，若能結合自己的經驗，輔以佐證會更有說服力。回答時應盡量少用「我不能」、「我無法」、「我不想」等負面字眼，那樣會讓面試官質疑我們的能力，從而無法準確地進行溝通與交流。

　　如果想在面試中做到與面試官有效溝通，要在面試前就應該做好充分的準備工作，對於要去應徵的單位有所了解，不至於在交流時出現「冷場」的局面，對面試官可能要提問的問題進行設想與模擬回答，另一方面也要準備幾個問題向面試官提問，但是問題要符合實際不能好高騖遠。其中最重要的是明確自身的價值觀與追求目標。應徵者要根據自身能力程度，充分準備不斷總結面試溝通經驗，專注適合自己的職業、行業。面試態度不要太過勢利，不因對方名氣小而漠視，不因對方短暫

薪水低而忽略發展機會，要根據自身情況正確定位未來發展和
追求的目標。這樣，在每次的面試中，你才可以保持清晰的思
路和面試官交談，即使無法說服面試官也依舊可以取得有效溝
通的效果。

第 *9* 章
奔跑在職場的你

塑造自己良好的職場形象

　　據著名形象設計公司英國的 CMB 對 300 名金融公司決策人的調查顯示，成功的形象塑造是獲得職位的關鍵。另一項調查顯示，形象直接影響到收入高低，那些形象更有魅力的人，收入通常比一般人要高 14%。職場中一個人的工作能力是關鍵，但同時也需要注重自身形象的設計，特別是在求職、工作、會議、商務談判等重要活動場合，形象好壞在一定程度上將決定你的成敗。

　　職場形象可以讓自己所接觸的各類人讀出你的內心世界，鑑別你的品味，從而決定是否可以和你有所連繫，甚至去深交。良好的職場形象不僅能讓人獲取好人緣，還能讓人因其獲取更大的自信。無論求職還是職場生存，良好的職場形象是上班族邁向成功的重要法門，成為上班族在職場生存中必學的一門課。

　　現在的大學生嚮往自由、隨意的生活，但在職場中切忌不可過於隨便。大多數企業都會對員工有著裝上的要求，除了面試時得體的穿著打扮外，在日常的工作中，也要展現出你的職業形象。曉麗是個陽光開朗活潑的女孩，她追求高品質的優雅生活，也非常有自己的個性，所以被一家不錯的公司看中錄用其從事商務工作。她進入公司不久，就迎來了炎炎夏日。看

著馬路上的女生們都換上了時尚裝扮，曉麗也像往年在學校一樣，穿起了細肩帶上衣、短裙，她的這一穿著吸引了公司不少男性同事的目光，同時也引來了老闆的嚴厲批評。曉麗還有些不服氣，心想：「這不是抹殺個性嗎？」其實不然，工作中的個性是基於整個組織團隊良好運作而言的，公司需要精神幹練、整潔得體的員工形象。有一家英國媒體對職場穿著與收入關係做了一個調查，發現在職場穿著得體大方、精神幹練的人收入比不關注形象的人多 30%。要記住，你的職業形象價值百萬。

得體的外在形象可以給人們留下良好的第一印象，在和你深入交往之後，人們才會從你的行為舉止、工作態度等方面對你做出評價。

荀子說：「不學禮無以立，人無禮則不生，事無禮則不成，國無禮則不寧。」職場禮儀也是提升職場形象的關鍵。在職場中我們要做到待人接物禮貌得體，尤其要注意在與老闆、同事、客戶交流溝通過程中的職場禮儀。現在很多職場新人，經常忽略職場中的禮儀，進入老闆、上司的辦公室經常忘記敲門就橫衝直入；在與客戶交談時忘記了使用禮貌用語，不知道什麼該說什麼不該說。

「個性張揚」的「七年級生」、「八年級生」，在某些方面想法與做法，有些出乎意料、讓別人難以接受。在職場中過度強調個性會造成你與公司的整體形象脫節。雖然今天講究性格差異

化、個性化，但是我們不能忽視群體的接受程度。在工作中，職場人充當了多個角色，平時的行為舉止代表自己，面對客戶時你的形象就代表公司，面對其他部門時你的形象代表自己部門，面對老闆你的形象代表全體員工……

在職場中想擁有良好的職業形象，就必須持續地在形、品、行上精進自己。

讓老闆看到你的貢獻和成績

在職場中，我們經常聽到有些人抱怨：「我在公司做了這麼久了，主管怎麼還是不提拔我，幫我加薪呢？」其實，這樣的心態就赤裸裸地暴露了一個認知上的錯誤：主管是否器重你，關鍵是看你的工作是否努力、是否對公司有所貢獻、工作上是否取得了一定的成績，而工作時間長短只是一個次要的參考方面。

作為一名員工，如果你工作非常努力，成績優異，終會得到老闆的重視，當公司有升遷加薪的機會，老闆自然會第一時間想到你，為你提供更廣闊的發展空間。那些整天碌碌無為、不想付出、也沒有傲人成績的員工，很難得到重用，老闆又怎麼會給你升遷加薪呢？

一些職場新人在付出了努力後，卻沒有得到老闆的認可，

他們最常抱怨的一句話就是：「我沒有功勞也有苦勞。」但是，在上司的眼裡你有再大的苦勞，如果沒有幫公司作出貢獻和成績，一切都是「空談」。公司重視的是結果，是效益，因為企業是依靠結果生存的，不管你在過程中付出了多少艱辛，如果沒有取得良好的結果，對企業而言是沒有任何價值的，所以，我們的價值也展現不出來。

職場新人要記住：對成績負責，就是對我們自己負責，也是對自己的工作價值負責。那種「付出了，不管結果如何」的想法是錯誤的，更不要抱有「沒有功勞也有苦勞」的心理。不在乎結果，只埋頭苦幹的人往往會被老闆忽視，升遷加薪的好事自然不會輪到他。員工和企業站的角度不一樣，生存的理念是截然不同的。既然我們想借助公司的平臺展現自己的才能，拿到相應的報酬，就要懂得職場的規則，要明白老闆的目的與要的結果。

李靜所在的公司實行核心經營原則，公司對各部門、各分支機構的考核主要著重兩方面：一是貢獻方面；二是業績方面。對業績優秀的員工給予獎勵，而對業績平平者執行的是嚴厲的淘汰政策。該公司這種以業績指標作為考核標準的方式，刺激著員工更加努力地為結果打拚，為公司做貢獻。

最近，李靜所在的行政部門來了一位知名大學畢業的新人。開始時，他工作很認真，虛心學習，也沒有表現出有什麼

過人的能力。作為行政經理的李靜起初還說要多幫助這位新人，但是沒過多久，她就發現，這位新人工作各個方面的能力都不錯，不但懂行政、財務、電腦和外語，還很擅長管理。李靜已在公司奮鬥數年，才終於坐到了行政經理的位置，享受著優厚的薪水。但是，此時除了資歷以外，她覺得自己的綜合能力都遜色於這位新人，所以她很快就感覺到了壓力。為了不讓這位新人表現得太突出，李靜對他在工作上處處設定障礙，什麼實質性的事情都不讓他做，只讓他做一些輔助性的工作。這位新人雖然在工作中處處受限制，但他工作仍然一絲不苟，在一次偶然的機會中，他脫穎而出，引起了上層主管的關注。

相反，李靜做的一些工作頻頻出錯，每次做事都心不在焉，公司主管忍無可忍，不久以後毅然決定，由這位新人擔任公司的行政經理，而讓李靜改為負責後勤瑣事。這個案例告訴我們，老闆重視的不僅是付出，更注重成績。特別是職場新人，要學會隱忍，不斷學習，默默付出，最後我們的貢獻與成績，終究會被老闆發現而得到重用的。

要想獲得老闆賞識，成功加薪升遷，首先問問自己有沒有為公司持續作出貢獻。作為新人，你的工作數量、工作品質的高低就是你對公司的貢獻大小。數量就是在每日工作的有效時間內完成多少工作，品質就是你的工作結果，是否讓主管滿意。如果你對公司的貢獻沒有比其他同事突出，那憑什麼你的

收穫會更多呢？其次，想要獲得老闆賞識還需注意一些工作方法，有些人在公司裡只知道埋頭苦幹，工作沒抓住重點，導致自己白花力氣，做事做不到點子上。做事找不對方向，結果永遠都是事倍功半。所以，工作時你要清楚公司的績效構成制度，如果公司沒有明確的績效構成制度，你就要經常和自己的主管溝通，以確保你的工作方向和方法是正確的。

不同部門的貢獻著重是不同的。在工作中，不是每一項工作都會順利完成，特別是一些重大專案或涉及人員較多的複雜工作。所以，你一定要及時向老闆彙報工作進度以及預計完成的時間點，可能帶來的效果。不懂得彙報的員工是不稱職的員工。職場中，經常發生主管安排你做一件事情，你也盡心盡力花費了很多精力和時間去做，如果你沒有及時向主管彙報工作的進度和其中存在的困難，主管會預設為你將會順利完成。等到主管向你要結果的時候，發現你還沒有完成，這會大大降低他對你工作的認同感。

很多企業會將員工每天的有效工作時間進行測算，如員工上班 8 小時，有效工作為 4.5 小時。按照這樣的演算法，我們要超過別人，並不一定需要靠加班，我們可以提高自己的工作效率，增加自己的有效工作時間，充分利用上班 8 小時時間，在工作中做出實實在在的成績，靠實力贏得好的口碑，才會讓老闆看到你的貢獻和成績。

　　在工作中，我們要以實現自己的人生價值為目標，更重要的是把自己努力付出所取得的成績和對公司所作出的貢獻展現在老闆面前。

多一些寬容，少一些抱怨

　　有人說寬容是軟弱的象徵，其實不然，有軟弱之嫌的寬容根本稱不上真正的寬容。寬容是人性中難得的一種道德境界，是需要修煉才能達到的境界。作為職場人，這種修養是必須具備的特質。在工作中，要多一些寬容，少一些抱怨，那樣工作才會充實，才會感到幸福。

　　人的一生，總會有人可能有意或無意傷害到我們，與其整天抱怨，還不如寬容對待，把精力用在調整人際關係和鑽研工作上。俗話說：「退一步海闊天空，忍一時風平浪靜。」其實，很多時候寬容便能將矛盾簡化，大事化小，小事化了。事情總是在一笑而過中迎刃而解，抱怨只能逞口頭的一時之快，最終還是解決不了問題，有時情況還會更糟，而且還影響自己的心情，那又何必呢？

　　寬容並不是懦弱，而是一種豁達、開闊的胸懷。善於寬容別人，不抱怨的人一定是有智慧並有遠見的人。因為他知道

用別人的錯誤懲罰自己是傻瓜才會做的事，會浪費自己太多精力與時間，更影響工作的心態。我們不如用行動證明自己，用寬容化解誤會，時刻保持著愉快的心情，不僅會提升自己的形象，而且有助於人際關係的提升。

在職場的人際交往中，我們要記住「海納百川，有容乃大」。人與人之間要求同存異、相互諒解，才能在人際關係中保持平衡。對傷害我們的人也要抱有一顆寬容的心，對不公的事不去一味地抱怨，而要想辦法扭轉局面。

能容人處且容人。一旦同事或者搭檔犯了錯誤，我們不要抱怨，應該寬容地原諒對方的過失，幫助他改正錯誤。古語云：「水至清則無魚，人至察則無友。」在工作和生活中，人們總是喜歡和那些寬容厚道的人交朋友，正所謂「寬則得眾」。

寬容別人就是修煉自己，明知吃虧，還是寬容地接受了，才能夠為他人所敬仰。

有一位姓汪的商人，開了家機電裝置公司，人稱汪老闆。

在一次與客戶的合作中，客戶卻在關鍵時刻背棄合約，終止了與他的合作，致使他損失達百萬元。汪老闆並沒有因為這次的巨大損失而記恨、抱怨那位客戶。1 年後，那位老客戶突然非常尷尬地來跟他買電器配件，如果拿不到這個配件，其所在的企業每停工一天將損失 20 多萬元。公司的員工都勸汪老闆不

要再與這個客戶合作，可汪老闆一笑置之，只對員工說了一句話：「有容乃大，寬容便是福。」汪老闆找遍公司存貨，都沒有這種配件，他還安慰客戶不要著急，並保證一天之內把配件找到。於是，他四處連繫貨源，最後幾經周折在老家連繫了好幾家工廠，才買到這種稀缺的電器配件。汪老闆的寬容得到了意想不到的回報。那位客戶的公司因為汪老闆的幫助不但避免了損失，而且這筆生意賺了不少，所以，這位客戶給汪老闆的訂單費用比原合約高出 5%，而且與汪老闆簽署了長期合作協議，並向媒體講述了汪老闆對其的寬容幫助。很快，汪老闆寬以待人的做事風格在業內流傳開來，其公司的生意更是蒸蒸日上。

寬容那些與自己意見不同，甚至對自己不公的人，你會發現生活充滿陽光。假如我們一直抱怨別人，會讓自己陷入痛苦的深淵。如果你想在職場中走得更久遠，就需多一些寬容，少一些抱怨，提升自己的氣度。

不要讓自己孤獨地奮鬥

在工作中，要想有所作為，不僅需要努力奮鬥，最重要的是要用好身邊的資源，讓其成為我們成功的墊腳石，與資源共同奮鬥，而不是一個人孤獨地奮鬥。

　　在學校，我們處於一個大家庭中，同學、老師都與我們有著千絲萬縷的連繫。這也是我們奮鬥的一個推進點。畢業那年，李妍直到3月還沒有找到一個滿意的實習職位。無奈之下，她就去找高一屆的學姐 Maggie 討教求職經驗，沒想到那位學姐直接幫她引薦到她現在的公司實習，也正是由於這長達3個月的實習，讓李妍最終在畢業前一刻，拿到了錄取信，讓不少同學都羨慕不已。

　　無論是公司朝夕相處的同事，還是一些不熟悉的人將來都可能成為與我們共同奮鬥的夥伴，在關鍵時刻給你幫助。所以，我們要學習與大家的相處之道，別讓自己孤軍奮戰。

　　當畢業生進入了職場後，除了適應職場人這個新身分，更重要的就是要看清周圍有哪些可以利用的資源。也許在生活中遇到難題的時候，有家人、朋友為你解圍，但是一旦進入職場，工作中的難題只有靠你自己經營的資源幫助你解決了。

　　初入職場，我們要學會謹慎處事，才會逐漸贏得人心。許多剛進入職場的大學生經常會抱怨，雖然和同事相處了很長時間，但自己還是無法融進他們的「圈子」，在工作中達不成共識等等。遇到這些情況，我們首先要注意謹言慎行，說話經過大腦，三思而言，平時一定要注意說話的方式，不要只顧逞一時痛快、信口開河。在處理事情時，要學會大事化小，小事化了，把複雜的問題盡量簡單處理，千萬不要把簡單的問題複雜

化，讓同事們質疑你的能力，失去工作夥伴。

低調做人，高調做事。這也是你獲得別人認可與信任的首要條件。大家都喜歡一個低調的職場新人，而不會去欣賞一個目中無人、誇誇其談的新人。低調的人很容易博得同事的好感，讓大家感覺你好接近，容易相處，更樂意與我們在一起工作，不會被孤立、排斥。這樣在前進的道路上你就不會孤獨地奮鬥了。

如何在工作中培養幸福感？

徐萌今年 27 歲，大學畢業便進入一家不錯的網站做編輯，平時工作很順利，壓力也不大。當工作進入第 2 個年頭的時候，徐萌明顯感覺到工作熱情大不如前，一成不變的編輯工作讓她越來越感到缺乏挑戰，而與同事、上司之間的摩擦也逐漸增多，工作效率越來越低。於是徐萌很想換個工作環境，舒緩一下心情，可真的要放棄目前的職位或者轉行，自己還是捨不得，於是徐萌陷入了矛盾之中……

相信很多有著兩三年工作經驗的職場「次新人」都有過這樣的感受和經歷，有的人對此抱怨不斷，有的人甚至會形成進入辦公室就覺得反感、厭煩的心理暗示，嚴重影響正常的工作

和生活。據調查報告顯示，剛剛進入職場的新人和工作超過 10 年以上的老將，他們工作幸福感指數最高，大多數工作 2 年之後的人們，工作幸福感便會大幅下降，進入一個漫長的「煩躁期」。

剛剛進入職場的新人們面對的所有一切都是全新的，處處充滿著好奇心與挑戰性，這種心理相當程度上會給予他們對自我價值的認同，促使他們為了自我好好表現，而對工作充滿熱情。然而，當日復一日重複工作消磨了他們的銳氣，工作的動力和主觀能動性也漸漸減少，工作幸福感便會大大降低。像徐萌這種從事編輯工作的人尚且如此，其他從事重複勞動的職場新人，勢必也會有這種強烈的感受。

工作是我們實現夢想的平臺，更是突顯自己價值的管道。無論是職場新人還是老人，工作的幸福感都是我們前進的動力。如果對工作失去了幸福感，那麼工作對我們也就沒有任何價值了。工作幸福感並不是人們與生俱來的，是需要在工作中慢慢培養的。

其實，每天有一個好心情，可以開開心心上班，努力工作，充分在工作中實現、找到自己的價值，那麼我們內心就會逐漸溢滿幸福感，才會有繼續奮鬥的動力。在職場上，我們要想培養工作的幸福感，發揮自己的智慧讓自己開心和快樂，保持著一種樂觀的心態面對工作，努力做好每項工作，得到同

事、上司的認可，那麼在這些不經意的過程中就會培養起自己的幸福感，不再為工作苦惱、發愁。

　　當你進入職場，首先要與同事相處好，別增加不必要的麻煩。在工作中，要學會謙虛，與同事多溝通交流，讓別人逐漸去認識你，願意和你一起工作甚至交朋友。謙虛是一種重要的心態，無論你多麼優秀，都必須低調謹慎，不能狂妄自大、過度自信，不把任何人放在眼裡。工作只知道一味地按照自己的想法進行，不去和同事多溝通探討，即使我們把工作做得很好，但是不懂得團結與合作，結果可能被大家孤立、排斥。你若長久在這種環境中工作，逐漸就會對工作產生恐懼感，只會讓你想要趕快逃離，還談何幸福感呢？謙虛、樂觀是在工作中培養幸福感必不可缺的心態。

　　我們自己的價值被認可，薪酬也高了，工作會充滿鬥志與熱情，幸福感就會溢滿內心。努力工作是讓這些目標實現的最佳方法。比爾蓋茲對大學畢業生演講時，這樣諄諄教誨即將踏入職場的青年們：「記住，一定要努力工作，讓主管看得起你，重用你，你才有機會。」對於職場新人們，比爾蓋茲的這番話值得大家深思，儘自己最大的努力做好每件工作，即使成績是微小的，也會感到幸福。

　　在工作中培養幸福感，不斷自我提升是關鍵。為自己訂一個充電計劃，讓時間變得充實，能力得到提升。在學習的過程

中，我們會因為獲得了新知識而感到快樂，工作中我們也可以運用學到的知識解決問題、減少困擾。此刻，我們是否感受到了幸福？

　　其實，工作並不是一件讓你無時無刻都在付出的事情，它也會帶給你收穫與快樂。一個對工作懈怠的人，他的生活也是不完美的。不斷地豐富自身，愛上自己的工作，體會工作的幸福。

第 *10* 章
除了錢以外，感謝一切

職業是人生中收益最高的投資

好大學，好科系，就等於好工作？

好工作，好待遇，就等於好的職業前途？

上一所明星大學、選一個好科系是每位學子，也是每位家長的心願。這個願望成為寒窗十數載的同學們和其家長共同期盼的投資回報。在目前的就業形勢下，大家普遍對這樣的投資報酬率感到不夠滿意。再加上對就業的理解有誤，部分學生及其家長對自己未來的發展前景並不樂觀，這些都是只有觀念卻忽視操作的想法。

職業是人生中報酬率最高的投資。

投資在當今這個金融體系越來越龐大的社會來說幾乎無孔不入，從銀行存款、貸款到股市、房市、基金等，我們都在追求高的獲利率。然而我們卻忽視了，最好的投資就是對自己的投資。這個投資可以在 5 年內有 5 倍以上的增長，10 年有 10 倍以上的增長，20 年可能是上百倍的增長。例如，剛畢業開始工作時，月薪 2.8 萬元，5 年後有的人月薪會漲到 7.5 萬元，10 年後這些人月薪會增加至 15 萬元，可能再過幾年他們每月都會有上百萬元的收入。可見，經營自己的投資收益遠遠超過金融投資，而金融投資都屬於它的副產品收益。就是說，在你職業投

資中所獲得的收益去投資了金融、房產等，所產生的收益都是
你職業以外的收益，反過來，它們卻很難提升你的職業投資。
職業投資的風險承擔能力、控制能力遠遠超過各方面的金融、
房產、理財產品的投資，而且投資組合的能力和靈活性也很
高。我們的職業投資主要有三個階段。

　　第一個階段，就是寒窗苦讀十數載。在這十數載中，作為
「投資人」的父母，供我們吃住，無微不至，我們是執行者。
這個階段，我們首先是需要對投資人負責，父母的投資方式往
往是不計較現金回報的公益性投資。我們的成績、學校表現、
考入好的學校成為檢驗他們投資獲利如何的標準。各種考試就
是績效考核方式，好的績效會增加投資人的投資信心。此輪投
資會在我們大學畢業後退出，退出時機就是我們有一份可以養
活自己的工作。普通家庭的父母，不太會再投資。條件好的家
庭，會幫助他們的孩子做投資整合，也就是幫其安排一份好工
作，或是再投資給你去做創業嘗試等。但對於職業發展來說，
真正的投資才剛剛開始。

　　在這一階段，我們學習了大量的知識。而其中一部分知識
只適用於理論，在實際應用中已經過時了，所以它很難在新形
勢下馬上實現報酬率，暫時處於虧本狀態。要轉虧為盈，需要
進入第二階段的投資。

　　第二階段的職業投資，是能力投資。現金投資人是你所工

作的企業，換句話說企業是你的股東，還有另一個技術入股
的股東就是你自己。企業用現金支付你薪資的方式投資你，目
的是可以換取你的勞動成果，增加效益。不同的投資人對你勞
動成果的期望不同，所投資額度也會有不同，一旦你沒有產生
效益或效益不好，那投資人就要和你溝通，實在不行就會終止
投資。在現金流上，你就吃緊，一旦資金鏈有了問題，你就有
可能借貸，並迅速去找到下一份工作來補償。而另外一個投資
人 —— 你自己，沒有辦法給你自己現金投資，這種投資是延
續第一階段的智力、能力投資的階段。這個投資可以分為零增
長、自然增長和快速增長三種：零增長會產生在「混」的群體
中，這類人不思上進，隨著時間的推移，只有年齡的增加，在
職業上的累積卻很少，或是跟不上職業的發展速度，沒有發展
就是後退，不增值就是貶值，他們很容易被淘汰；自然增長就
是達到職業正常增長水準，他們也隨著職業的發展享受到相應
的收益，如企業內部的調薪、行業薪酬的上漲等，自然增長的
經驗累積，需要在工作中有所付出和提升，只能迎合行業發展
的需要；快速增長不僅是在工作中有所投入，而且要求標準、
工作強度和難度都大大增加，能快速在短時間內累積比別人多
的經驗，其個人成長和發展速度快於同行業平均水準，最終會
轉化為他人投資產生巨大的經濟效益。

　　職業投資的第三個階段是資源投資階段。投資人可能是自

己、其他股東或老闆。這個時期是將過去職業發展中累積的要素，如經驗、行業或職業資源等，透過利益相關組合在一起，成為一個整體的投資。成功的商業領袖大多是在這個階段取得輝煌成就的。

畢業只是第一階段的投資結束，不代表以後就可以盡享收益。如果投資額很有限，回報也必然很有限。我們總是在想別人投資，自己受益，卻忽略了自己也是投資人，如果不好好經營，自己這個股東也會受到損失。畢業後，你就是自己的投資人，只是投資方式不同，想要有個好收益，就需要自己認真投資，良好經營。

工作賦予無限可能

做一行怨一行是工作 1 年到 5 年的人容易產生的一種職業疲勞的表現，因為我們缺乏對工作的正確認識。很多人認為自己屬於普通小職員而自卑，也有人因為這種想法仇視主管和老闆。我卻認為普通職員，不必自卑，不認為自己低人一等，反而工作的經歷幫助我們創造無限可能。

有人用「奴」性來形容地位低微的職員們，並非針對全部，而是一部分對工作沒有正確認識的人。現在的職場環境賦予企

業和個人更平等的合作方式，在行為上個體受適當的約束並接受監督，這是基於企業和個人共同創造價值，產生合理價值分配的需要。

在工作中，除了透過付出勞動而獲取勞動報酬以外，我們還累積了很多職業資源。這些資源使我們能夠創造無限可能。

我們需要累積的第一個要素就是職業友誼。它不僅能在創業上也能在以後的職業生涯中，為我們帶來意想不到的有益幫助。

目標感是工作中需要累積的第二要素。有位哲人說過：「人類因為活著而活著。」那為什麼不讓我們在有限的時間內活得更精彩一些呢？懵懂的大學生們剛入職場，找不到自己的方向，透過一段時間的工作，他們逐漸清醒地認識自己，並且找到自己生活和工作的目標。而且越是認真工作、擅於總結和思考越能使我們的目標感增強。

責任感是我們在工作中需要累積的第三個要素。曾經有一位老木匠向老闆遞交了辭呈，準備回家與妻子兒女享受天倫之樂。老闆捨不得他的這位好員工離開，問他能否幫忙建最後一間房子，老木匠欣然允諾。但是，顯而易見，他的心已不在工作上了，他用的是次等材料，出的是粗活。等到房子竣工的時候，老闆親手把房子的鑰匙遞給他，說道：「這是你的房子，

我送給你的禮物。」這位老木匠震驚得目瞪口呆，羞愧得無地自容。如果他早知道是在給自己建房子，就不會那麼漫不經心、敷衍了事了，現在他只好住在自己建造的一間粗製濫造的房子裡！老木匠的結局警示我們需要培養工作中持續的責任感，這種責任感的培養能幫助我們克服人性中的惰性。

　　持續的職業學習能力是工作中需要不斷累積的第四個要素。現在是一個快魚吃慢魚的時代。起點低並不是可怕的事，可怕的是進步得慢，沒有危機感是最大的危機。時代變化的速度是那樣快，不懂得職業終身學習的人，很容易被新的知識淹沒而淘汰，未來的時代屬於那些有學習力的人。每一位優秀的企業家和職業經理人都是學習能力非常強的人。但在以往工作中，很多人都忽視學習，認為學習是學生時代應該做的事。這種錯誤的觀點，嚴重阻礙自己快速的成長。

　　職業經驗是一個人在某一領域內的實踐經驗的累積。它是職業發展中最有用的競爭力，往往可以透過總結而傳承，包含職業思考方式、人際處理方式、問題處理方式、管理能力、溝通能力等。正常情況下職業經驗會隨著工作時間的不斷推移有所累積。在你尋求下一份工作時，它會作為重要的參考指標。

　　有人說 21 世紀是資源整合的時代，誰擁有強大的資源整合能力，誰就會成為領先者。這些資源來源於工作實踐。資源的累積需要時間，對於畢業生來說，一定要在自己相關業務工作

中留心累積資源。

　　工作不僅是透過勞動交換獲取收入，它有更深層的人生意義，最終這些都會以收入的方式給你回報。生命不是短程賽跑，如果你能從內心深處激發出力量，沒有任何一條成功道路會太遙遠。成功沒有捷徑，只有靠自己勤勞的雙手創造，用自己的腳去丈量成功的路程，如果你想提前到達，那就讓自己跑起來。

　　在這個知識與科技發展一日千里的時代，隨著知識、技能的更新越來越快，如果你的職業累積速度太慢，就會被職場淘汰、被時代淘汰。只有不斷學習，不斷充實自己，不斷追求成長，才能使自己在職場中長久發展。累積那些職業中被人忽視的東西，可以讓你有意想不到的收穫。

利他精神是工作的原點

　　從前，有一個人窮困潦倒，已經到了無飯可吃的地步了，他本想著去做些事情混口飯吃，這時一位好心的鄰居給他送來一點錢，於是這個人就放棄了出去找工作的想法，靠著這點錢繼續生活。可過了一段時間，錢花光了，這個人又重新面臨了三餐不繼的困境，他又想去做點什麼，但他的鄰居再次發善

心送了他一點錢，於是他又依靠這點錢熬了一段時間。事情一直這樣重複著，直到這個人死去。這個人死前依舊窮困潦倒，一事無成。故事裡的鄰居確實是本著一顆善心去幫助有困難的人，可正是這種善心的方式扼殺了這個人去尋求生存的能力。就像蛋殼裡即將出生的小雞，你若幫它戳破蛋殼，讓它提前見到光明，這隻小雞注定要夭折。有些痛苦必須自己經歷，有些路必須自己去走。有些人抱著利他的精神去幫助身邊的人，但是到頭來既沒有幫助到對方，還讓對方陷入更糟糕的境地。究其原因，主要是我們站的高度不夠高，我們的眼界不夠遠，不能真正體會何為利他精神。

　　京瓷創始人稻盛和夫曾開宗明義地指出「利他本來就是經商的原點」，他表示：「求利之心是每個人開展事業和各種活動的原動力。因此，大家都想賺錢，這種『欲望』也是無可厚非。但這種欲望不可停留在單純利己的範圍之內，也要考慮別人，要把單純的私欲提升到追求公益的『大欲』層次上。這種利他的精神最終仍會惠及自己，擴大自己的利益。」作為職場人，在工作中更要發揮利他精神，不要只想著一己之利，要懂得幫助別人，最後自己依舊可以獲利，此時利他精神已經上升了一個層次。處在波濤洶湧、競爭激烈的職場中，一定要記住，利他精神是工作的原點。

　　在與同事相處的時候也要發揮利他精神。有時，幫助別人

時自己的利益可能會受到一些損失，看似是吃了虧，但是我們卻得到了人心，取得了別人對我們的信任，這就是一種利他精神。俗話說：「吃虧是福。」在職場中也是如此，多吃點「虧」，多幫助別人，在合理的情況下多幫助別人完成分外的工作。正是因為這種利他精神，我們才會贏得和同事交流的機會，不但獲得更多的工作經驗，而且在以後的工作中也能及時得到同事們的幫助。時刻發揮利他的精神，我們在工作中才能走得更順，更接近成功。

我們在幫助別人的時候，也是在幫助自己。人生中充滿著許許多多的機緣，每一個機緣都有可能將自己推向另一個高峰，不要輕視任何一個人，也不要忽視任何一個可以助人的機會。也許有一日，我們幫助過的人就會成為我們的貴人。「送人玫瑰，手有餘香」，當你需要幫助的時候，你曾經幫助過的人反過來也會給予你幫助，使自己渡過難關。在工作中，人脈很重要，而維繫人脈關係缺少不了利他精神。

羅浩在一家中型企業做銷售部經理，他平時的一大愛好就是寫部落格，而且喜歡將自己在職場上打拚的一些經驗、教訓、甘苦發在網路上。有一次，在瀏覽網頁的時候，他發現一篇很精彩的文章，讀完之後，他發表了一些肯定和讚美該文章的評論。就這樣一來二去，兩個人建立了連繫，對方和自己是同行，只不過現在還是一個小職員。羅浩經常透過部落格鼓勵

他，而且傳授一些自己的經驗給他。

　　突然有一天，羅浩接到這位許久不連繫的網友的電話，說自己在羅浩所在的城市出差，問是否能見上一面。羅浩欣然前往，見面交談了兩個小時以後，對方方才遞上自己的名片，並邀請羅浩到自己的企業去工作。原來這位網友在羅浩的幫助和鼓勵下，努力奮鬥，如今，擁有了自己的公司，該公司已經發展成為行業中第二大企業。

　　現在，羅浩已經是這家企業主管行銷的副總經理。其實，羅浩並沒有預想到自己對他的幫助會收穫這樣的回報。羅浩利他精神為其帶來更好的機遇，利他精神也成為他職場提升的「催化劑」。

　　「利他精神」需要站在一定的高度，就像老鷹在教小鷹學飛翔一樣，老鷹眼睜睜地看著小鷹多次跌倒和受傷，並沒有直接去幫助小鷹，而是為其示範動作後，讓其自己練習，小鷹終於學會了飛翔。其實，有些時候，幫助並不一定只是簡單地「伸出一雙手」，而是讓對方在困境中知道我們就是他的後盾，我們可以給其指導，但走出困境必須得自己去做，這才是真正的「利他」。發揮利他精神，給予他人幫助，又給自己帶來幫助，這就是工作的原點。

222 第 10 章　除了錢以外，感謝一切

榮譽和成就感遠比金錢更重要

　　或許，我們努力工作最終追求的是金錢等物質方面的滿足。因為吃、住、行等方面是我們生存的基礎，我們賺錢的基本目的也是為了提高生活品質。金錢可以幫我們解決這些需要，它是我們生存的重要物質基礎。在工作中，我們透過辛苦努力，終於得到了自己應該得到的報酬。此時，取得的金錢並不是最重要的，最重要的是我們感到一種成就感、一種無法言語的榮譽感。因為這是對自己的肯定，不是金錢能代替的。

　　某高科技企業在攻克一個技術難關時，許多技術人員組成了一個「闖關組」，小組成員日以繼夜地工作，許多人一天連續十幾個小時工作，終於完成了任務，大家興高采烈，企業的高層也深受感動。而在小組裡並沒有人向公司要求給多少獎金才可以加班。而這些人，平時幾乎不加班，就是加班也要跟公司討價還價。總經理很納悶，同樣是這些人，為什麼在「闖關組」那麼賣命，而平時加班時卻要講條件呢？其實，這很簡單，關鍵區別在於員工在完成一項任務時，有沒有給其帶來榮譽感和成就感。

　　在「闖關組」，全體成員都願意去攻克技術難關，他們喜歡挑戰，完成了任務，攻克了難關，帶給小組成員的是莫大的成就感和同事、上司對自己肯定與讚賞的榮譽感。此時，成就感

與榮譽感所展現的人生價值已經遠遠超過了金錢。

　　人生的價值不能僅僅用金錢衡量。無論你做什麼，應該注重的是過程，只要你付出了，不管結果怎麼樣，你都會擁有一種成就感，只要付出了就是一種榮譽。成就感和榮譽感是我們前進的動力，讓我們在以後的生活和工作中充滿無限的力量與熱情。

　　有些人認為工作最重要的目的就是賺取薪水，而忽略了工作本身給其帶來的精神財富。所以，他們總是覺得工作枯燥乏味，沒有意義，沒有目標，久而久之便對工作產生疲勞、厭倦情緒，引發職業倦怠。因為他們認為工作中金錢最重要，如果沒有金錢的誘惑他們不會去挑戰自己，尋求一種成就感。這樣的人生注定是沒有色彩的。

　　無論是什麼樣的工作都要抱有積極的工作態度。工作態度會影響一個人的工作情緒。如果你的工作態度總是消極的、退縮的、推諉責任的，只是為了拿到每月的薪資，當然不會有成就感，更展現不出自己的價值，也很難得到同事和主管的認可，當然也就無法體會到工作成就和榮譽感，久而久之就會產生倦怠感。工作需要努力和勤奮，更需要一種積極主動的精神，只有這樣，我們才可能獲得工作所給予我們的更多榮耀。事實上，如果你能在完成分內工作以外，還可以主動爭取一些額外的工作多付出一點，而且又將額外的任務完成得很好，不僅能得到主管的肯定與賞識，連自己也會覺得很有成就感和榮

譽感，這遠比獲得更多的薪酬更有意義。

　　或許，有時你選擇一份工作，就是因為它能夠帶來高薪，不論自己喜歡與否，擅長與否。可是當你工作一段時間後，就會發現這樣的工作如此枯燥，自己的價值無處展現，因為這份工作只給你帶來金錢，卻無法給予你成就感與榮譽感。只有做自己喜歡的事情，才會拋棄金錢的誘惑，充滿熱情與動力，努力做好，這樣你才會在工作中實現自己的人生價值，體會到滿滿的榮譽感。

　　工作中的挑戰性更能刺激一個人的潛力，更會給其帶來前所未有的成就感與榮譽感。現代社會，各種工作都向著專業化方向發展，員工長期從事同樣的工作，能使其工作熟練程度提高，這有利於企業的發展。但是，過度專業化也使工作變得單調，使員工喪失了創造力，從而感受不到任何榮譽感和成就感。工作中，我們可以主動去挑戰自己，完成一些更有挑戰性的工作。例如，你是一名出納，以前你的工作只是簡單現金管理，現在可以嘗試對公司的財務數據進行分析，對公司的某些問題提出自己的改進方法，或許有些建議不被採納，但是你主動挑戰了自己，付出了自己的努力，那就會獲得成就感與榮譽感。

　　金錢是我們生活不可缺的物質條件，固然重要，但是它卻不是最重要的。工作中的成就感與榮譽感遠比金錢重要，這才是一個人真正價值的展現。

樂於分享，累積資本

　　有位管理大師曾說過：「世界上只有完美的團隊，沒有完美的個人。」集體的智慧永遠大於個人的智慧，集體的力量永遠大於個人的力量。一個人即使再完美，也難免會有一些缺點，而在一個集體中，每個成員都可以優勢互補。所以，我們要樂於分享，讓別人了解你的優勢，了解你的個性，累積職場人脈資本。

　　積極友善的分享是與周圍朋友相處最好的一種方式，透過分享讓別人獲取有益的東西，傳遞正能量，別人也會與你分享，從而形成一個屬於自己的職業圈。在工作中你會發現，常常分享相似資訊的人會走得很近，如常常相互分享好吃好玩的同事們都成為密友。你需要進入什麼樣的職業圈取決於你樂於分享什麼。

　　部落格、社群媒體的核心價值是「分享」，好的分享會獲得關注，工作中也是一樣。分享你的知識、見解、觀念、資源等。分享得越多，朋友也越多，收穫也就越多。有些職場達人，常常透過溝通聊天、Line、個人社群等建立別人對自己的關注。

　　在職場中，分享也是有限度的。李磊剛剛大學畢業，到一家大公司任職。為了讓更多的人接受自己，李磊對所有人都

表現出自己的誠意，甚至和每一個人都推心置腹地分享著生活和工作中的點滴。李磊擅長電腦軟體設計，很多同事不明白的東西，到了他手裡都是小菜一碟。遇到同事需要幫助的時候，李磊常常不等同事招呼便主動上前幫忙。可是幾個月下去了，他不但沒有擁有良好的人際關係，相反，很多同事都用一種怪異的眼神看著他，言語之中也流露出對他的冷淡，甚至有的同事還公然排擠他。李磊百思不得其解，感到非常困惑。他不明白為什麼自己一番誠意，卻換不來同事的熱忱相待呢？就是因為李嘉太急於想與別人打成一片，把自己任何東西都和同事分享，在無形之中給同事們帶來壓力。

在職場中，分享的是彼此的資訊和經驗，共同提高，共同獲利，這樣才會有人願意和我們合作，交朋友，慢慢地去累積屬於自己的資源。

有些人在職場中到任何地方都受到大家的歡迎，因為他們懂得學習，懂得分享，更懂得從與人相處中發現別人的長處以及自己缺乏的特質，正所謂「靜坐常思自己過，閒談莫論他人非」，秉承「三人行必有我師」的原則，謙虛做人，以寬容的胸懷待人。法國著名作家雨果（Victor Marie Hugo）說過：「比陸地更寬廣的是海洋，比海洋更寬廣的是天空，比天空更寬廣的是人的胸懷。」在累積資源的過程中，我們必須擁有寬廣的胸懷，做事不吝嗇，做人不小氣。在處理人際關係、待人接物方面寬

容大度，不刻薄，能容人，和各式各樣的人友好相處，才能增
進人際關係的和諧。

　　要累積職業資本，真誠讚美別人也是必不可少的。林肯
（Abraham Lincoln）說過：「每個人都喜歡被讚美。」對他人真誠
的讚美，正如沙漠中的甘泉一樣讓人的心靈受到滋潤。讚美對
人際關係有一種不可思議的推動作用，當你讚美他人的時候，
別人也就會在乎你存在的價值，由衷的讚美給對方帶來愉快以
及滿足的時候，你也分享了一份喜悅和生活的樂趣，這種分享
會讓彼此更加默契。

　　透過分享可以幫助我們建立好人際資源，當有事情想要去
拜託他們或是與其商量討論時，總是能夠得到及時的幫助。在
職場上，人際關係越寬廣、越穩定，工作起來就越方便。每個
人在關鍵時刻都希望得到別人的一臂之力，使自己在事業的發
展上能夠少遇些障礙，多走些坦途，那就從現在開始，學會與
別人分享自己。

電子書購買

爽讀 APP

國家圖書館出版品預行編目資料

畢業，然後呢？在選擇與挑戰中成長，找到屬於你的道路，探索職業生涯的多種可能！ / 胡波 著 . -- 第一版 . -- 臺北市 : 財經錢線文化事業有限公司 , 2024.03
面 ；　公分
POD 版
ISBN 978-957-680-796-1(平裝)
1.CST: 生涯規劃 2.CST: 自我實現
192.1　　　113002228

畢業，然後呢？在選擇與挑戰中成長，找到屬於你的道路，探索職業生涯的多種可能！

臉書

作　　　者：胡波
發 行 人：黃振庭
出 版 者：財經錢線文化事業有限公司
發 行 者：財經錢線文化事業有限公司
E - m a i l：sonbookservice@gmail.com
粉 絲 頁：https://www.facebook.com/sonbookss/
網　　　址：https://sonbook.net/
地　　　址：台北市中正區重慶南路一段六十一號八樓 815 室
Rm. 815, 8F., No.61, Sec. 1, Chongqing S. Rd., Zhongzheng Dist., Taipei City 100, Taiwan
電　　　話：(02) 2370-3310　　傳　　　真：(02) 2388-1990
印　　　刷：京峯數位服務有限公司
律師顧問：廣華律師事務所 張珮琦律師

-版權聲明-

定　　　價：299 元
發行日期：2024 年 03 月第一版
◎本書以 POD 印製
Design Assets from Freepik.com